职业教育“十三五”精品教材

朗读时刻

主　编　冯宇楠　楚　翘　窦学静
副主编　张鸿超　窦　雪　陈　思
　　　　郭美红　王德宝
参　编　张贵良　牛　玥　马　俊
主　审　武新杰　辜红兵

西南交通大学出版社
·成　都·

图书在版编目（CIP）数据

朗读时刻 / 冯宇楠，楚翘，窦学静主编. —成都：西南交通大学出版社，2020.9（2022.9 重印）
职业教育“十三五”精品教材
ISBN 978-7-5643-7651-2

Ⅰ. ①朗… Ⅱ. ①冯… ②楚… ③窦… Ⅲ. ①中华文化－职业教育－教材 Ⅳ. ①K203

中国版本图书馆 CIP 数据核字（2020）第 176161 号

职业教育“十三五”精品教材
Langdu Shike
朗读时刻
主 编 冯宇楠 楚 翘 窦学静

责任编辑	居碧娟
助理编辑	何宝华
封面设计	墨创文化
出版发行	西南交通大学出版社 （四川省成都市金牛区二环路北一段 111 号 西南交通大学创新大厦 21 楼）
发行部电话	028-87600564 028-87600533
邮政编码	610031
网 址	http://www.xnjdcbs.com
印 刷	四川森林印务有限责任公司
成品尺寸	185 mm × 260 mm
印 张	11.25
字 数	239 千
版 次	2020 年 9 月第 1 版
印 次	2022 年 9 月第 2 次
书 号	ISBN 978-7-5643-7651-2
定 价	32.00 元

内容简介

本书涉及“好学善思”“知行合一”“崇德励志”“人生态度”“放飞心灵”5个板块的内容，每个板块的内容紧扣中等职业学校学生公约，体现了以学生为主体、自我教育、自我管理的理念，对引导学生形成良好行为习惯，增强德育的针对性、实效性具有重要意义。全书共选82篇文章，以中国传统文化的精髓，贴近中职学生的学习、生活实际，加强学生的文化修养，规范学生的文明行为为选择依据。每篇文章都设“经典诵读”“诵读指导”“心灵感悟”3个部分，让学生在诵读的同时对文章有更深刻的理解，体会到更丰富的人生感受和审美体验。

前　言

习近平同志在十九大报告中指出："青年兴则国家兴，青年强则国家强。青年一代有理想、有本领、有担当，国家就有前途，民族就有希望。"今天的中国固然强，但是今日中国青年唯有更强，我们才能骄傲地回应习总书记对青年学生期盼。如今，外来文化、网络文化等流行文化对学生的影响越来越大，不少学生不但在文化素养方面出现严重的"营养不良"，还不同程度地表现出浮躁、自私、好逸恶劳等不良心态。让学生们在传统文化的滋养中成长，健全人格，培育民族精神，是十分必要的。而品读经典是规范言行、修身养性、明德开慧的最有效的方法。"与经典同行，与圣贤为友"，可以在潜移默化中继承中华民族"自强不息""厚德载物""中道和谐"的民族精神。

编写本读本，我们主要参考了一些国学经典著作以及古典诗词，同时也根据学生的特点选取了部分现代文学作品。

"读书百遍，其义自见"，通过诵读经典著作，日积月累，潜移默化，学生们能够在浓厚的古典气息中养成爱读诗书的好习惯，更能够受到传统文化之美的熏沐，为他们以后的学习打下坚实的基础。

编　者

2020年5月1日

目　录

崇德励志

人生态度

放飞心灵

导 读

选文依据

社会主义核心价值观

富强、民主、文明、和谐，
自由、平等、公正、法治，
爱国、敬业、诚信、友善。

中等职业学校学生公约

爱祖国，有梦想。
爱学习，有专长。
爱劳动，图自强。
讲文明，重修养。
遵法纪，守规章。
辨美丑，立形象。
强体魄，保健康。
树自信，勇担当。

中等职业学校学生日常行为规范

自尊自爱，注重仪表
诚实守信，礼貌待人
遵规守纪，勤奋学习
勤劳俭朴，孝敬父母
严于律己，遵守规则
钻研技能，敬业爱岗

朗读技巧和方法

第一部分：朗读概念

朗读，是把文字转化为有声语言的一种创造性活动。是一种出声的阅读方式，它是学生完成阅读教育任务的一项重要的基本功，朗读是阅读的起点，是理解课文的重要手段。它有利于发展智力，获得思想熏陶。

通过朗读，大者可以陶冶性情、开阔胸怀、文明言行、增强理解，小者可以有效地培养对语言词汇细致入微的体味能力以及确立口语表述最佳形式的自我鉴别能力。因此，要想成为口语表述与交际的高手，就不能漠视朗读。

第二部分：朗读方法

1. 朗读首先要正确

“正确”指的是用普通话读，发音清楚响亮，不读错字、不掉字、不添字、不颠倒、不唱读，能读出轻声和儿化音。朗读正确，是读书最基本的要求，也是比较难达到的要求，稍不注意，就会出错。要读得正确，必须养成认真读书的习惯，读书时要做到“三到”，即眼到、口到、心到。

2. 在读正确的基础上，要做到朗读得流利

流利指的是不断读，不读破句，不重复字句。要做到流利地读就不能看一个词读一个词，看一句话读一句话。要做到嘴里读这个词的时候，眼睛就看到下面一个词甚至几个词；嘴里读这句话时，眼睛就看到下面一句话。

3. 朗读速度要适中

在朗读过程中还要注意停顿，标点是书面语言的组成部分，它表示了句子的不同语气和不同长短的停顿，所以要能根据文中的标点读出适当的停顿。正确地读出标点的停顿，可以帮助理解词句的结构、文章的意思及作者的思想感情。除了注意长句中间的停顿，在读完课题后，也应稍做停顿。读作品时，每个自然段之间也应有停顿。

4. 要在理解的基础上读

理解是朗读的实质，也是朗读的目的，如果朗读得正确、流利、速度也合适，停顿也正确，但读完后不理解内容，等于白读。

第三部分：朗读技巧

对课文的内容有深入的理解，是朗读的基础。但是，如果不能把从课文中理解的内容正确地运用语节、调、速度、重音、停顿等手段表达出来，还是达不到读出思想感情的水平。所以，还要注意在理解的基础上适当运用朗读技巧来表情达意。

1. 音节读准

简单来说，就是按照普通话的标准和规范来吐字发音，使发音正确、声调准确、字正腔圆。按普通话的构成要求把汉字音节的声母、韵母、声调念准，进而读准每个常用的音节。常用的汉字不过4000个左右，它们都离不开418个音节和阴平、阳平、上声、去声4个声调。因此，只要下苦功夫，读准声母、韵母和声调，读准全部音节是不难做到的事情。当然，读准每一个音节后，不等于语音就规范了，还要进一步在咬字上进行适当的加工，以便听众对你讲出的每一个字词都能听得真切。

2. 音节协调

适当多用一些双音节词、四音节词讲话或练习朗读，可以增强语言的响度和节奏感，读起来朗朗上口，听起来比较优美悦耳。运用拟声词、象声词也是使音节协调的一种办法。它既可以使被表述的事物形象生动，又可使声音和谐，达到声与形的有机统一，增添语言的表现力。

3. 节奏

语言的节奏就是指语音的徐疾（是指或慢或快）、高低、长短、抑扬、轻重、虚实及音色的异同等对立因素在一定时间内有规律地回环交替的声音组合形式。一篇作品并不是一种节奏一贯到底，而是以某种类型的节奏为主，渗入其他类型，既表现节奏的具体性，又表现了节奏的丰富性。

朗读节奏的类型分为6种：

（1）轻快型：语调多扬少抑，语音多轻少重，语句多连少停，语流轻快活泼，多表示欢快、欣喜的情感。

（2）低沉型：语调压抑，语音沉重，停顿多而长，音色偏暗，语流沉缓，多表示悲痛、感伤的情感。

（3）凝重型：语调多抑少扬，语音多重少轻，语句多停少连，语流平稳凝重，多表示严肃、沉思的情感。

（4）舒缓型：语调多扬少抑，语音清朗而柔和，气息畅达，语流舒展，多表达平静、舒展的心情。

（5）紧张型：语调多扬少抑，语音多重少轻，语气强而短促，语流速度较快，多表达紧急、激动、气愤的情绪。

（6）高亢型：语调高扬，语音响亮，语句连贯，语流畅达，常用来表现热烈、豪放、激昂、雄浑的气势。

4. 语调

语调是语气外在的快慢、高低、长短、强弱、虚实等各种声音形式的总和。语气是通过语调表现的。

语调常见的有以下 4 种类型：

（1）平调（→）。一般用来表示庄重、严肃、平淡等语气，语调表现为平直舒缓。叙述或说明的句子多用平直调。

（2）升调（↗）。一般用来表达疑问、惊异、喜悦、兴奋、号召、鼓动、设问、反问、呼唤等语气。这种语调表现为句子开头低、句尾明显升高。常用于一般疑问句、反问句以及句子尚未终结时的中间停顿处，或出现在长句中的前半句。

（3）降调（↘）。一般用来表示肯定、请求、感叹、祝愿等语气。语调表现为句子开头高、句尾明显降低。

（4）曲调（～）。一般用来表达讽刺、含蓄或烦躁、轻薄、厌恶、怀疑、意外等语气，这种语调大都先降后升或先升后降，句子语势有抑扬升降的曲折变化，呈波浪式，多在表达特殊感情时出现。它不像其他句调多表现在句末，而是根据需要出现在句子的不同位置。

5. 速度

语速是指朗读时语言的快慢，它是体现语音节奏，表达作品思想感情的重要手段。国家语委新编《普通话水平测试实施纲要》指出："普通话的正常语速为中速，大约每分钟 240 个音节左右。大致在 150-300 个音节之间浮动。"语速高于或低于每分钟 240 个音节的分别为快速和慢速。

快速，多表示热烈、急迫、欢快等场合的情绪；慢速，多表示安闲、平静、沉重、失望、伤痛、舒缓、悠远等场合的情绪。在朗读、朗诵中，为了"壮文势、广文义"，有时选用急促快当的语速来表现，犹如铁骑突出、玉盘倾珠、疾风暴雨、飞瀑急流，紧逼当中让人难以喘过气息，有着一气呵成、痛快淋漓的语势，即传统所说的"贯口"。有时为了抒情或强调，常采用慢速表现方法，犹如丽日白云、和煦春风，使人心境澄碧高远；或犹如铁帚慢施，战鼓闷敲，使人心底震颤沉重。

6. 重音

在表达感情上起重要作用的词语要读得重一些。重音一般是把声音加强并配合音节的延长来表现的，有时为了突出某些词语还要一字一顿地读。但在表达幸福、温暖、欣慰、体贴的情怀时，往往要把重音轻读，即读得反而比其他语句轻柔。

7. 停顿

这里说的是为了表情达意的需要而作的停顿。为了突出某一事物或强调一种特殊意义，可以延长和缩短停顿时间，还可以不按标点停顿。在表达复杂的思想感情时，为了增强感染力也可以变化停顿时间。

（1）标点符号停顿。标点符号是书面语言的停顿符号，也是朗读作品时语言停顿的重要依据。标点符号的停顿规律一般是：句号、问号、感叹号、省略号停顿略长于分号、破折号、连接号；分号、破折号、连接号的停顿时间又长于逗号、冒号；逗号、冒号的停顿时间又长于顿号、间隔号。另外，在作品的段落之间，停顿的时间要比一般的句号时间长些。以上停顿也不是固定的，有时为了表达感情，在没有标点的地方也可以停顿，在有标点的地方也可以不停顿。

（2）语法停顿。语法停顿是句子中间的自然停顿。它往往是为了强调、突出句子中主语、谓语、宾语、定语、状语或补语而做的短暂停顿。学习语法有助于我们在朗读中正确地停顿断句，不读破句，正确地表达作品的思想内容。

（3）感情停顿。感情停顿不受书面标点和句子语法关系的制约，完全是根据感情或心理的需要而作的停顿处理，它受感情支配，根据感情的需要决定停与不停。它的特点是声断而情不断，也就是声断情连。

好学善思

好学善思就是指勤奋学习，善于思考，养成爱读书、读好书、善读书的良好习惯，提高分析问题、观察问题和处理问题的能力。在日常学习中，我们不仅要提高文化素养，还要践行文明行为规范，要在学习中加强对现实问题的思考，在思考中促使知识向能力转化，立志把自己塑造成为中国特色社会主义事业合格的接班人。

经典诵读

一、论语·学而

子曰："学而时习之，不亦说乎？有朋自远方来，不亦乐乎？人不知而不愠[①]，不亦君子乎？"

有子[②]曰："其为人也孝弟[③]，而好犯上者，鲜[④]矣；不好犯上，而好作乱者，未之有也。君子务本，本立而道生。孝弟也者，其为仁之本与！"

子曰："巧言令色，鲜矣仁！"

曾子曰："吾日三省[⑤]吾身：为人谋而不忠乎？与朋友交而不信乎？传不习乎？"

子曰："道千乘之国，敬事而信，节用而爱人，使民以时。"

子曰："弟子入则孝，出则弟，谨而信，泛爱众，而亲仁，行有余力，则以学文。"

子夏曰："贤贤易色；事父母，能竭其力；事君，能致其身；与朋友交，言而有信。虽曰未学，吾必谓之学矣。"

子曰："君子不重则不威，学则不固。主忠信，无友不如己者，过，则勿惮改。"

曾子曰："慎终，追远，民德归厚矣。"

子禽问于子贡曰："夫子至于是邦也，必闻其政，求之与，抑与之与？"子贡曰："夫子温、良、恭、俭、让以得之。夫子之求之也，其诸异乎人之求之与？"

子曰："父在，观其志；父没[⑥]，观其行；三年无改于父之道，可谓孝矣。"

有子曰："礼之用，和为贵。先王之道，斯为美。小大由之。有所不行。知和而和，不以礼节之，亦不可行也。"

有子曰："信近于义，言可复也。恭近于礼，远耻辱也。因不失其亲，亦可宗也。"

子曰："君子食无求饱，居无求安，敏于事而慎于言，就有道而正焉。可谓好学也已。"

子贡曰："贫而无谄，富而无骄，何如？"子曰："可也。未若贫而乐，富而好礼者也。"子贡曰："《诗》云：'如切如磋，如琢如磨'，其斯之谓与？"子曰："赐也，始可与言《诗》已矣，告诸往而知来者。"

子曰："不患人之不己知，患不知人也。"

（选自纪昀主编，鸿雁注译：《四库全书》，中国华侨出版社 2015 年版）

诵读指导

◎ **作品简介：**

《论语》：儒家经典之一，中国春秋时期一部语录体散文集，主要记录孔子及其弟子的言行，由孔子弟子及再传弟子编纂而成。它较为集中地反映了孔子的思想，全书共 20 篇、492 章。南宋时，朱熹将它与《孟子》《大学》《中庸》合称为“四书”。“学而”一篇包括 16 章，内容涉及诸多方面。其中重点是“吾日三省吾身”“节用而爱人，使民以时”“礼之用，和为贵”以及仁、孝、信等道德方面的内容。

◎ 注释：

① 愠（yùn）：怨恨。② 有子：孔子的学生，姓有，名若，比孔子小 13 岁，一说小 33 岁。后一说较为可信。在《论语》书中，记载的孔子学生，一般都称字，只有曾参和有若称“子”。因此，许多人认为《论语》即由曾参和有若所著述。③ 孝弟（tì）：孝，儒家认为的子女对待父母的正确态度；弟，读音和意义与“悌”（tì）相同，即弟弟对待兄长的正确态度。孝、弟是孔子和儒家特别提倡的两个基本道德规范。旧注说：善事父母曰孝，善事兄长曰弟。④ 鲜（xiǎn）：少的意思。《论语》书中的“鲜”字，都是如此用法。⑤ 省（xǐng）：自我检查，反省。⑥ 没（mò）：去世。

◎ 译文：

孔子说：“学了又时常温习和练习，不是很愉快吗？有志同道合的人从远方来，不是很令人高兴的吗？人家不了解我，我也不怨恨、恼怒，不也是一个有德的君子吗？”

有子（有若）说：“一个人做人能行孝悌，却爱忤逆上司、长者，这是很少的；不爱忤逆上司、长者而会在一个团体里作乱，这是不会有的。一个君子做事情总是从根本上手，根本一旦确立，其他一切道理自然显出来。孝与悌便是仁爱的基础啊！”

孔子说：“花言巧语、伪善的面貌，这种人，很少是具有仁心的。”

曾子（曾参）说：“我每天多次反省自己：为人做事有没有尽忠？与人交往有没有讲信用？老师所传授给我的知识，我有没有去实践它？”

孔子说：“治理拥有一千辆战车的诸侯国，需要谨慎行事，诚实守信，并且节约费用，爱护官吏，役使民众要在农闲时间。”

孔子说：“一个人家的后生小子，在家能孝顺父母，在外能敬爱兄长，做事谨慎，说话守信用，博爱大众，并接近有仁心的人，这些事情做完了，怀有剩余的精力，再去学习其他文化艺术。”

子夏（卜商）说：“向贤人学习，改变气质态度；侍奉父母时，能竭尽全力；侍奉君上时，能不顾生死；与朋友交往时，能言而有信。这样的人，尽管他说自己没有学问，我却一定说他学问好啊！”

孔子说：“一个君子言行不庄重，就不具备威仪，即使读书，所学的也不够巩固。一个君子以忠信为做人处事的原则，不与道德学问比自己差的人为友，有了过错不要害怕改正。”

曾参说：“丧礼能慎重，祭祀能虔诚，社会风气就会趋于淳厚了。”

子禽（陈亢）向子贡（端木赐）问道：“老师来到一个国家，一定能够听到这个国家的政事。这是特意去求取的呢？还是别人主动告诉他的？”子贡说：“老师是靠着温厚、和善、恭敬、节俭、谦让而获得的。即使是特意求取，老师的方法与别人也是不一样的吧？”

孔子说：“父亲在世的时候，要看儿子的思想态度；父亲不在的时候，就要看他的行事。父亲死后三年没有改变父亲的行事之道，这样可称得上是孝了。”

有子说：“礼在应用的时候，以形成和谐最为可贵。古代帝王的治国作风，就以这一点最为完美；无论小事大事，都要依循礼的规定，遇到有些地方行不通时，如果只知为了和谐而求和谐，没有以礼来节制的话呢，恐怕还是成不了事的。”

有子（有若）说：“与人约信，尽量合乎道义，说出的话才能兑现。谦恭待人，尽量合乎礼节，就会避开耻辱。依靠的人，要慎重选择，一定是关系亲近、值得尊敬的人，才可以跟他学，这个人也就可靠了。”

孔子说：“一个君子，饮食不求太饱，居住不求太舒适，办事勤快而说话谨慎，经常接近志行高尚的人，这种人算是爱好学习的了。”

子贡说：“贫穷而不谄媚于人，富有而不骄傲自大，这种人怎么样？”孔子说：“可以，但是不如贫穷而乐于行道，富有而喜好礼让的人。”

子贡说：“《诗经》里说：‘就像修整骨角与玉石，要不断地切磋琢磨，精益求精’，这就是你所说的意思吧？”孔子说：“赐啊，现在开始我可以与你研究《诗经》了，你能举一反三，能够从我说过的话里推及我还没有说到的意思。”

孔子说：“不要担心别人不了解自己，而要担心自己不了解别人。”

心灵感悟

《论语·学而篇》为我们讲述了待人处世的道理。孔子及其弟子阐述了在日常生活中，对待家人、长辈、朋友我们什么事该做、什么事不该做。在今后的生活中，我们要经常温习所学的知识，在处事之时要学会汲取别人身上的优点，反思自己的不足，从而使自身的道德修养不断提高。

当人的生命像鸟一样，在自我觉醒后，随时随地提升自己，在不断的实践体验中获得新知或新的能力，获得自身生命的力量，我们内心是不是很开心呢？我们不就会发自内心地快乐吗？

经典诵读

二、大学（节选）

曾参

大学之道[1]，在明明德[2]，在亲民，在止于至善。

知止[3]而后有定，定而后能静，静而后能安，安而后能虑，虑而后能得。

物有本末[4]，事有始终，知所先后，则近道矣。

古之欲明明德于天下者，先治其国；欲治其国者，先齐其家；欲齐其家者，先修其身；欲修其身者，先正其心；欲正其心者，先诚其意；欲诚其意者，先致其知。

至知在格物。物格而后知至，知至而后意诚，意诚而后心正，心正而后身修，身修而后家齐，家齐而后国治，国治而后天下平。自天子以至于庶人，一是皆以修身为本。其本乱而末治者，否矣。其所厚者薄[5]，而其所薄者厚，未之有也。

（选自纪昀主编，鸿雁注译：《四库全书》，中国华侨出版社 2015 年版）

诵读指导

◎ **作者简介：**

《大学》原本是《礼记》中的一篇，传为孔子弟子曾参（前 505—前 434）所作。曾子名参（shēn），字子舆，春秋末年鲁国南武城人（山东省临沂市平邑县郑城镇南武城人），是中国古代著名的思想家，孔子的晚期弟子之一，与其父曾点同师孔子，是儒家学派的重要代表人物。

◎ **注释：**

①大学之道：大学的宗旨。②明明德：前一个“明”是动词，有使动的意味，即“使彰明”，也就是发扬、弘扬的意思。后一个“明”是形容词，明德也就是光明正大的品德。③知止：知道目标所在。④末：指枝末、枝节。⑤厚者薄：该重视的不重视。

◎ **译文：**

大学的宗旨在于弘扬光明正大的品德，在于使人弃旧图新，在于使人达到最完善的境界。知道应达到的境界才能够志向坚定；志向坚定才能够镇静不躁；镇静不躁才能够心安理得；心安理得才能够思虑周详；思虑周详才能够有所收获。每样东西都有根本有枝末，每件事情都有开始有终结。明白了这本末始终的道理，就接近事物发展的规律了。

古代那些要想在天下弘扬光明正大品德的人，先要治理好自己的国家；要想治理好自己的国家，先要管理好自己的家庭和家族；要想管理好自己的家庭和家族，先要修养自身的品性；要想修养自身的品性，先要端正自己的心思；要想端正自己的心思，先要使自己的意念真诚；要想使自己的意念真诚，先要使自己获得知识；获得知识的途径在于认识、研究万事万物。

通过对万事万物的认识、研究才能获得知识；获得知识后意念才能真诚；意念真诚后心思才能端正；心思端正后才能修养品性；品性修养后才能管理好家庭和家族；管理好家庭和家族后才能治理好国家；治理好国家后天下才能太平。

上至国家君王，下至平民百姓，人人都要以修养品性为根本。若这个根本被扰乱了，家庭、家族、国家、天下要治理好是不可能的。不分轻重缓急，本末倒置却想做好事情，这也同样是不可能的。

心灵感悟

《大学》的纲领旨趣，也是儒学“垂世立教”的目标所在，即是“八目”。所谓八目，是指格物、致知、诚意、正心、修身、齐家、治国、平天下。抓住这八目你就等于抓住了一把打开儒学大门的钥匙。循着这进修阶梯一步一个脚印，你就会登堂入室，领略儒学经典的奥义。

经典诵读

三、劝学（节选）

荀子

君子曰：学不可以已①。青，取之于蓝而青于蓝；冰，水为之，而寒于水。木直中②绳，輮③以为轮，其曲中规。虽有④槁暴⑤，不复挺者，輮使之然也。故木受绳则直，金就砺则利，君子博学而日参⑥省⑦乎己，则知明而行无过矣。

吾尝终日而思矣，不如须臾之所学也；吾尝跂[8]而望矣，不如登高之博见也。登高而招，臂非加长也，而见者远；顺风而呼，声非加疾也，而闻者彰。假舆马者，非利足也，而致千里；假舟楫者，非能水也，而绝江河。君子生[9]非异也，善假于物也。

积土成山，风雨兴焉；积水成渊，蛟龙生焉；积善成德，而神明自得，圣心备焉。故不积跬步，无以至千里；不积小流，无以成江海。骐骥一跃，不能十步；驽马十驾，功在不舍。锲而舍之，朽木不折；锲而不舍，金石可镂。蚓无爪牙之利，筋骨之强，上食埃土，下饮黄泉，用心一也。蟹六跪而二螯，非蛇鳝之穴无可寄托者，用心躁也。

（选自黄岳洲主编：《中国古代文学名篇鉴赏辞典》，华语教学出版社 2013 出版）

诵读指导

◎ 作者简介：

荀子（约前 313—前 238），名况，字卿，战国末期赵国人。著名思想家、文学家、政治家，儒家代表人物之一，时人尊称“荀卿”。西汉时因避汉宣帝刘询讳，因“荀”与“孙”二字古音相通，故又称孙卿。曾三次出任齐国稷下学宫的祭酒，后为楚兰陵（位于今山东兰陵县）令。

◎ 注释：

① 已（yǐ）：停止。② 中（zhòng）：动词，符合、合乎。③ 輮（róu）：古通“揉”，使东西弯曲。④ 有（yòu）：通“又”。⑤ 暴（pù）：同“曝”，晒干。⑥ 参（cān）省（xǐng）：对自己检查，省察。⑦ 跂（qǐ）：古通“企”，踮起。⑧ 生（xìng）：通“性”，资质秉性。

◎ 译文：

君子说：学习是不可以停止的。靛青是从蓝草里提取的，可是比蓝草的颜色更深；冰是水凝结而成的，却比水还要寒冷。木材直得符合拉直的墨线，用輮的工艺把它制成车轮，（那么）木材的弯度（就）合乎圆的标准了。即使又被风吹日晒而干枯了，（木材）也不会再挺直，是因为经过加工使它成为这样的。所以木材用墨线量过（再经辅具加工）就能取直，刀剑在磨刀石上磨过就能变得锋利，君子广博地学习并且每天检验反省自己，那么（他）就会智慧明达，而且行为没有过失了。

我曾经整天思索，（却）不如片刻学到的知识多；我曾经踮起脚远望，（却）不如登到高处看得广阔。登到高处招手，胳膊没有加长，可是别人在远处也能看见；

顺着风呼叫，声音没有变得洪亮，可是听的人（在远处也能）听得很清楚。借助车马的人，并不是脚走得快，却可以达到千里之外；借助舟船的人，并不善于游泳，却可以横渡江河。君子的资质秉性跟一般人没有不同，（只是君子）善于借助外物罢了。

堆积土石成了高山，风雨从这里兴起；汇积水流成为深渊，蛟龙从这儿产生；积累善行养成高尚的道德，精神得到提升，圣人的心境由此具备。所以不积累一步半步的行程，就没有办法达到千里之远；不积累细小的流水，就没有办法汇成江河大海。骏马一跃，也不足十步远；劣马连走十天，它的成功在于不停止。（如果）刻几下就停下来了，（那么）腐朽的木头也刻不断。（如果）不停地刻下去，（那么）金石也能雕刻成功。蚯蚓没有锐利的爪子和牙齿以及强健的筋骨，却能向上吃到泥 土，向下喝到地下的泉水，（这是由于）它用心专一。螃蟹有六条腿，两个蟹钳，（但是）没有蛇、鳝的洞穴（它就）无处藏身，（这是因为）它用心浮躁。

心灵感悟

《劝学》全文的中心思想是：一、学不可以已；二、用心一也；三、学也者，固学一之也。荀子认为，学习首先需要修养品德气质，保持专一的品质，然后保持持之以恒、坚持不懈是正确的学习方向；要善始善终，切忌半途而废，以期达到完全而纯粹的精神境界。

经典诵读

四、郑伯克段于鄢

左丘明

初，郑武公娶于申，曰武姜，生庄公及共[①]叔段。庄公寤[②]生，惊姜氏，故名曰寤生，遂恶[③]之。爱共叔段，欲立之。亟[④]请于武公，公弗许。

及庄公即位，为之请制。公曰："制，岩邑也，虢[⑤]叔死焉。他邑唯命。"请京，使居之，谓之京城大叔[⑥]。祭[⑦]仲曰："都城过百雉[⑧]，国之害也。先王之制：大都不过参[⑨]国之一，中五之一，小九之一。今京不度，非制也，君将不堪。"公曰："姜氏欲之，焉辟害？"对曰："姜氏何厌之有！不如早为之所，无使滋蔓[⑩]，蔓难图也。

蔓草犹不可除，况君之宠弟乎！”公曰：“多行不义，必自毙，子姑待之。”

既而大叔命西鄙、北鄙贰于己。公子吕曰：“国不堪贰，君将若之何？欲与大叔，臣请事之；若弗与，则请除之。无生民心。”公曰：“无庸，将自及。”大叔又收贰以为己邑，至于廪延[11]。子封曰：“可矣，厚将得众。”公曰：“不义，不暱[12]，厚将崩。”

大叔完聚，缮甲兵，具卒乘[13]，将袭郑。夫人将启之。公闻其期，曰：“可矣！”命子封帅车二百乘以伐京。京叛大叔段，段入于鄢，公伐诸鄢。五月辛丑，大叔出奔共。

书曰：“郑伯克段于鄢。”段不弟，故不言弟。如二君，故曰克。称郑伯，讥失教也，谓之郑志。不言出奔，难之也。

遂置[14]姜氏于城颍，而誓之曰：“不及黄泉，无相见也。”既而悔之。颍考叔为颍谷封人，闻之，有献于公，公赐之食，食舍肉。公问之，对曰：“小人有母，皆尝小人之食矣，未尝君之羹，请以遗[15]之。”公曰：“尔有母遗，繄[16]我独无！”颍考叔曰：“敢问何谓也？”公语之故，且告之悔。对曰：“君何患焉？若阙地及泉，隧而相见，其谁曰不然？”公从之。公入而赋：“大隧之中，其乐也融融！”姜出而赋：“大隧之外，其乐也泄泄[17]。”遂为母子如初。

君子曰：“颍考叔，纯孝也，爱其母，施及庄公。《诗》曰：‘孝子不匮，永锡尔类。’其是之谓乎！”

（选自吴楚材、吴调侯编，钱素洲译：《古文观止》，浙江教育出版社 2016 年版）

诵读指导

◎ 作者简介：

左丘明（约前 502—前 422），春秋末期史学家。传说左丘明曾任鲁国史官，孔子编订六经，左丘明为解析六经之一《春秋》而著《左传》，亦著《国语》。《左传》《国语》两书记录不少西周、春秋的重要史事，史料翔实，文笔生动，具有很高的史学价值。

◎ 注释：

① 共（gōng）叔段：郑庄公的弟弟，名段。他在兄弟之中年岁小，因此称“叔段”。② 寤（wù）生：难产的一种，胎儿的脚先生出来。寤，通“牾”，逆，倒着。③ 遂恶（wù）之：因此厌恶他。恶，厌恶。④ 亟（qì）请于武公：屡次向武公请求。亟，屡次。⑤ 虢（guó）叔死焉：东虢国的国君死在那里。虢，指东虢，古国

名，为郑国所灭。⑥ 谓之京城大（tài）叔：京地百姓称共叔段为京城太叔。大，同“太”。⑦ 祭（zhài）仲：郑国的大夫。祭：特殊读音。⑧ 都城过百雉（zhì）：都邑的城墙超过了 300 丈。雉：古代城墙长一丈，宽一丈，高一丈为一堵，三堵为一雉，即长三丈。⑨ 大都不过参（sān）国之一：大城市的城墙不超过国都城墙的三分之一，参，同“三”。⑩ 无使滋（zī）蔓（màn）：不要让他滋长蔓延，“无”通“毋”（wú）。⑪ 廪（lǐn）延：地名，河南省延津县北。⑫ 不义，不昵（nì）：亲近。⑬ 具卒乘（shèng）：准备步兵和兵车。具，准备。卒，步兵。乘，四匹马拉的战车。⑭ 置（zhì）：放置，放逐。⑮ 遗（wèi）之：赠送给她。⑯ 繄（yī）我独无：我却单单没有啊！繄，惟。⑰ 大隧之外，其乐也泄泄：泄泄，舒散也。

◎ 译文：

从前，郑武公从申国娶了一位妻子，称作武姜，她生下庄公和共叔段。庄公出生时脚先出来，武姜受到惊吓，因此给他取名叫“寤生”，很厌恶他。武姜偏爱共叔段，想立共叔段为世子，多次向武公请求，武公都不答应。

到庄公即位的时候，武姜就替共叔段请求分封到制邑去。庄公说：“制邑是个险要的地方，从前虢叔就死在那里，若是想求封其他城邑，我都可以照吩咐办。”武姜便请求想求封太叔京邑，庄公答应了，让他住在那里，以此人们称共叔段为京城太叔。大夫祭仲说：“分封的都城如果城墙超过三百丈长，那就会成为国家的祸害。先王的制度规定，国内最大的城邑不能超过国都的三分之一，中等的不得超过它的五分之一，小的不能超过它的九分之一。京邑的城墙不合法度，非制度所许，恐怕对您有所不利。”庄公说：“姜氏想要这样，我怎能躲开这种祸害呢？”祭仲回答说：“姜氏哪有满足的时候！不如及早处置，别让祸根滋长蔓延，一滋长蔓延就难办了。蔓延开来的野草尚不能铲除干净，何况是您那受宠爱的弟弟呢？”庄公说：“多做不义的事情，必定会自己垮台，你姑且等着瞧吧。”

过了不久，太叔命令原来属于郑国的西边和北边的边邑既服从庄公，又归属自己。公子吕说：“国家不能有两个国君，现在您打算怎么办？您如果打算把郑国交给太叔，那么我就去服侍他；如果不给，那么就请除掉他，不要使百姓们产生疑虑。”庄公说：“不用除掉他，他自己将要遭到灾祸的。”太叔又把两属的边邑改为自己统辖的地方，一直扩展到廪延。公子吕说：“可以行动了！他的土地日益扩大，他将得到老百姓的拥护。”庄公说：“对君主不义，对兄长不亲，土地虽然扩大了，他也会垮台的。”

太叔修治城郭，聚集百姓，修整盔甲武器，准备好兵马战车，将要偷袭郑国。武姜打算开城门做内应。庄公打听到共叔段偷袭的时候，说：“可以出击了！”命令子封率领车二百乘，去讨伐京邑。京邑的人民背叛共叔段，共叔段于是逃到鄢城。庄公又追到鄢城讨伐他。五月二十三日，太叔段逃到共国。

《春秋》记载道：“郑伯克段于鄢。”意思是说共叔段不遵守做弟弟的本分，所以不说他是庄公的弟弟。兄弟俩如同两个国君一样争斗，所以用“克”字。称庄公为

“郑伯”，是讥讽他对弟弟失教；赶走共叔段是出于郑庄公的本意，不写共叔段自动出奔，是责难庄公逼走其弟之意。

庄公就把武姜安置在城颍，并且发誓说：“不到黄泉（不到死后埋在地下），不再见面！”过了些时候，庄公又后悔了。有个叫颍考叔的，是颍谷管理疆界的官吏，听到这件事，就把贡品献给郑庄公。庄公赐给他饭食。颍考叔在吃饭的时候，把肉留着。庄公问他为什么这样。颍考叔答道：“小人有个母亲，我吃的东西她都尝过，只是从未尝过君王的肉羹，请让我带回去送给她吃。”庄公说：“你有个母亲可以孝敬，唉，唯独我就没有！”颍考叔说：“请问您这是什么意思？”庄公把原因告诉了他，还告诉他后悔的心情。颍考叔答道：“您有什么担心的！只要挖一条地道，挖出了泉水，从地道中相见，谁还说您违背了誓言呢？”庄公依了他的话。庄公走进地道去见武姜，赋诗道：“大隧之中相见啊，多么和乐相得啊！”武姜走出地道，赋诗道：“大隧之外相见啊，多么舒畅快乐啊！”从此，他们恢复了从前的母子关系。

君子说：“颍考叔是位真正的孝子，他不仅孝顺自己的母亲，而且把这种孝心推广到郑伯身上。《诗经》说：‘孝子不断地推行孝道，永远能感化你的同类。’大概说的就是颍考叔这类纯孝之人吧？”

心灵感悟

文章以时间先后顺序为线索，记叙郑国王室内部势力之间的权力之争，既涉及政治、军事利益，也牵涉到母子情、手足情，读来扣人心弦。首先写庄公寤生，使姜氏受到惊吓，姜氏因而喜爱次子段。段在母亲的暗中支持下，谋夺君王之位，逐步扩张他的势力。庄公静观其变，外似宽厚实则胸怀杀机。矛盾冲突越来越明朗、尖锐，最后达到高潮：郑伯讨伐共叔段，段逃奔到共，姜氏被放逐在城颍。

文章线索清晰，有明线、暗线，也有主线、次线。段的扩张势力是明线，郑庄公的欲擒故纵是暗线。明线被安排成次线，暗线却被写成主线，郑伯的所作所为成为直接叙述的对象。两条线索在文章开端分头发展，到“公伐诸鄢”，才交织在一起，并引出新的一条线索：郑伯与姜氏的母子关系，最后以母子和好如初为结局。脉络清晰，结构完整，作者的叙事能力是相当高超的。

文章精彩之处在于对人物的刻画惟妙惟肖，形象生动。郑庄公老谋深算，城府极深。他对母亲和胞弟的阴谋，早已心知肚明，却一直按兵不动，摆出姜太公钓鱼愿者上钩的姿态，欲擒故纵，最后师出有名。作为国君，他精明强干，运筹帷幄，对事情的发展洞若观火，是一位深谋远虑的政治家。但作为兄长，他对胞弟的越轨行为，不及时加以教导和劝阻，却一味放纵，终于酿成母子决裂、手足相残的惨剧，他的阴险狠毒的丑恶面目，被暴露无遗，史官对此也深为不满。庄公最后将母亲囚禁在城颍，“既而悔之”，在大臣颍考叔的设计安排下，母子两人在隧道中相见，关系恢复如初，庄公当时说：“大隧之中，其乐也融融！”他的另一个性格——虚伪，也被揭露出来。

其他人物也栩栩如生；姜氏飞扬跋扈，任性妄为，助子为虐，最终尝到了自己酿成的苦果；段则愚蠢、贪婪，在母亲的纵容下，骄纵成性，狂妄自大。在尖锐的矛盾冲突中，人物形象得到了充分的展示。

经典诵读

五、蹇[①]叔哭师

左丘明

冬，晋文公卒。庚辰，将殡于曲沃。出绛，柩[②]有声如牛。卜偃使大夫拜，曰：“君命大事将有西师过轶[③]我，击之，必大捷焉。”

杞子自郑使告于秦曰：“郑人使我掌其北门之管，若潜师以来，国可得也。”穆公访诸蹇叔。蹇叔曰：“劳师以袭远，非所闻也。师劳力竭，远主备之，无乃不可乎？师之所为，郑必知之。勤而无所，必有悖[④]心。且行千里，其谁不知？”公辞焉。召孟明、西乞、白乙使出师于东门之外。蹇叔哭之曰：“孟子！吾见师之出而不见其入也。”公使谓之曰：“尔何知！中寿，尔墓之木拱矣！”

蹇叔之子与师，哭而送之，曰：“晋人御师必于殽，殽有二陵焉。其南陵，夏后皋之墓地；其北陵，文王之所辟风雨也，必死是间，余收尔骨焉。”秦师遂东。

（选自吴楚材、吴调侯编，钱素洲注译：《古文观止》，浙江教育出版社 2016 年版）

诵读指导

◎ **注释：**

①蹇（jiǎn）叔：秦国老臣。②柩（jiù）：装着尸体的棺材。③轶（yì）：超过。④悖（bèi）：违背。

◎ 译文：

冬天，晋文公去世了。十二月十日，要送往曲沃停放待葬。刚走出国都绛城，棺材里发出了像牛叫的声音。卜偃让大夫们向棺材下拜，并说："国君要发布军事命令，将有西方的军队越过我们的国境，我们袭击它，一定会获得全胜。"

秦国大夫杞子从郑国派人向秦国报告说："郑国人派我掌管他们国都北门的钥匙，如果暗中领兵前来，郑国就可以到手了。"秦穆公以此事询问蹇叔，蹇叔说："让军队劳累去袭击远方的国家，没有听说过。军队疲劳，力量耗尽，远方的主人对此已有防备，恐怕不行吧？军队的行动，郑国一定知道；士兵劳累而无所得，必然有背叛之心。而且行军千里，谁会不知道？"秦穆公拒绝了蹇叔的忠告。于是召集百里孟明、西乞术、白乙丙三员将领，命令他们从东门外出兵。蹇叔哭送他们，说："孟子，我看到军队出发而看不到他们回来了啊！"穆公派人对他说："你知道什么？假使你只活到中等岁数，你坟上的树已经合抱了！"

蹇叔的儿子参加了军队，蹇叔哭着送他，说："晋国人一定在殽山抵御我军，那儿有两座山陵：它南边的山陵，是夏代帝王皋的陵墓；它北面的山陵，是文王当年躲避风雨的地方。你一定要死在这两山之间，我来收你的尸骨吧。"秦军于是向东进发。

心灵感悟

面对蹇叔的劝阻，秦穆公"利令智昏"，根本听不进意见，最终自食其果。这篇文章也在提醒我们多听取他人意见，做事三思而后行。

经典诵读

六、宋玉对楚王问

宋玉

楚襄王问于宋玉曰："先生其有遗行与？何士民众庶不誉之甚也！"

宋玉对曰："唯，然，有之！愿大王宽其罪，使得毕其辞。客有歌于郢[①]中者，其始曰《下里》《巴人》，国中属而和者数千人。其为《阳阿》《薤露》[②]，国中属而和者数百人。其为《阳春》《白雪》，国中属而和者，不过数十人。引商刻羽，杂以流徵[③]，国中属而和者，不过数人而已。是其曲弥高，其和弥寡。

故鸟有凤而鱼有鲲[④]。凤皇上击九千里，绝云霓，负苍天，足乱浮云，翱翔乎杳[⑤]冥之上。夫藩篱之鷃[⑥]，岂能与之料天地之高哉？鲲鱼朝发昆仑之墟，暴鬐[⑦]于碣[⑧]石，暮宿于孟诸。夫尺泽之鲵[⑨]，岂能与之量江海之大哉？故非独鸟有凤而鱼有鲲，士亦有之。夫圣人瑰意琦行，超然独处，世俗之民，又安知臣之所为哉？”

（选自吴楚材，吴调侯编，钱素洲译：《古文观止》，浙江教育出版社 2016 年版）

诵读指导

◎ 作者简介：

宋玉，战国时期楚国人。他好辞赋，为屈原之后辞赋家，与唐勒、景差齐名。所作辞赋甚多，流传作品有《九辩》《风赋》《高唐赋》《登徒子好色赋》《神女赋》等。

◎ 注释：

① 郢（yǐng）：古地名，楚国的都城。② 薤（xiè）露（lù）：古代送葬时唱的丧歌。③ 徵（zhǐ）：古代五音之一。④ 鲲（kūn）：传说中的大鱼，生活在北边幽深的大海——北冥。⑤ 杳（yǎo）：无影无声。⑥ 鷃（yàn）：一种小型的鸟。⑦ 鬐（qí）：马的鬃毛。⑧ 碣（jié）：圆顶的石碑。⑨鲵（ní）：两栖类动物，俗称“娃娃鱼”。

◎ 译文：

楚襄王向宋玉问道：“先生难道有什么不好的行为吗？为什么广大士民都说您不好呢？”

宋玉回答说：“是的，不错，有这么回事。但希望您能宽恕我的过失，让我把话说完。

有一位在郢都唱歌的客人，开始他唱《下里》《巴人》，都城里聚集起来跟着唱的有数千人，接着他唱《阳阿》《薤露》，都城里聚集起来跟着唱的有数百人，后来他唱《阳春》《白雪》，都城里聚集起来跟着唱的不过几十人，最后他时而用商音高歌，时而以羽声细吟，其间杂以宛转流利的徵音，这时都城里聚拢来跟着唱的不过数人而已。这说明他唱的歌越是高深，能跟着和唱的就越少。

故此，鸟中有凤凰而鱼中有大鲲。凤凰拍击空气，直上九千里的高空，贯穿云霞，背负青天，在高渺的天空展翅翱翔；而那跳跃于篱笆之间的鷃雀，哪能和凤凰同样衡量天地的高大呢？鲲鱼早上从昆仑大山出发，在碣石晒背曝鳍，晚上在孟诸大泽投宿；那处于小小池塘之中的鱼儿，怎能与大鲲一样测知江海的浩瀚呢？不只是鸟中有凤、鱼中有鲲啊！在‘士’中也有出类拔萃的人物。那些高洁的人物有如美玉一般的品行，超世独立，而那些世上的凡夫俗子又怎能理解我的行为呢？”

心灵感悟

许多品行高洁的人，超世独立，曲高和寡，所以在生活中，我们不要随便评判他人，也不要轻信他人的言论，要多观察思考。如果我们无法做到让大多数人去认同自己，那么就享受独处的乐趣吧。

经典诵读

七、高帝求贤诏

刘邦

盖闻王者莫高于周文，伯者莫高于齐桓[①]，皆待贤人而成名。今天下贤者智能，岂特古之人乎？患在人主不交故也，士奚由进？今吾以天之灵、贤士大夫，定有天下，以为一家。欲其长久，世世奉宗庙亡绝也。贤人已与我共平之矣，而不与吾共安利之，可乎？贤士大夫有肯从我游者，吾能尊显之。布告天下，使明知朕意。

御史大夫昌下相国，相国酂侯[②]下诸侯王，御史中执法下郡守，其有意称明德者，必身劝，为之驾，遣诣相国府，署行义年，有而弗言，觉，免。年老癃[③]病，勿遣。

（选自吴楚材、吴调侯编，钱素洲译：《古文观止》，浙江教育出版社 2016 年版）

诵读指导

◎ **作者简介：**

汉高祖刘邦（前 256—前 195），字季，沛县丰邑中阳里人，汉朝开国皇帝，汉民族和汉文化的伟大开拓者之一，中国历史上杰出的政治家、卓越的战略家和指挥家，对汉族的发展以及中国的统一有突出贡献。

◎ 注释：

① 齐桓（huán）：齐桓公，春秋五霸之首。② 酂（zàn）侯：酂侯是汉高祖刘邦赐给萧何的诸侯封号。③ 癃（lóng）：指衰弱多病。

◎ 译文：

听说古代圣王没有谁超过周文王的，霸主没有谁超过齐桓公的，他们都依靠贤人成就功名。现在天下贤人同样有智慧有才能，难道只有古代才有这样的人吗？问题出在君主不肯去结交贤人。贤人又能从什么途径进身呢？现在我靠上天神灵和贤士大夫平定了天下，统一全国成为一家。我希望长久地保持下去，世世代代奉祀宗庙到无穷。贤人已经和我共同平定天下了，而不和我共同治理天下，可以吗？贤士大夫们肯同我共事的，我能够使他贵显。把诏令布告天下，让大家明白我的意思。

御史大夫周昌把诏书下达相国酂侯，相国酂侯下达各诸侯王，御史中执法下达各郡太守。如果有美名和美德相称的，一定要亲自劝他出来，给他准备车马，送他到相国府，写下经历状貌年龄。如果有贤人而不推举，发觉后要免除他的官。年老而体弱多病的，不要送来。

心灵感悟

本文是刘邦征集人才的文告。他以王霸自许，从长远统治出发，把选才任人作为帝王事业能否成功的重要条件。文章很有气魄，显示出高瞻远瞩、今人不让古人的进取精神。

经典诵读

八、曹冲称象

陈寿

曹冲生五六岁，智[①]意[②]所及[③]，有若[④]成人之智。时孙权曾致[⑤]巨象，太祖[⑥]欲[⑦]知其斤重，访[⑧]之群下，咸莫能出其理[⑨]。冲曰：“置象于船上，而刻其水痕所至。称物以载之，则校[10]可知矣。复称他物，则象重可知也。”太祖大悦，即施行焉。

（选编自陈寿编著：《三国志》，中华书局 2011 年版）

诵读指导

◎ 作者简介：

陈寿（233—297），字承祚，巴西安汉（今四川南充）人。西晋史学家。他小时候好学，师事同郡学者谯周，在蜀汉时曾任卫将军主簿、东观秘书郎、观阁令史、散骑黄门侍郎等职。当时，宦官黄皓专权，大臣都曲意附从。陈寿因为不肯屈从黄皓，所以屡遭遣黜。入晋以后，历任著作郎、长平太守、治书侍御史等职。280 年，晋灭东吴，结束了分裂局面。陈寿当时四十八岁，开始撰写《三国志》。

◎ 注释：

① 智：智慧。② 意：意识。③ 及：达到。④ 若：相比。⑤ 致：送到。⑥ 太祖：曹操，即曹冲之父。⑦ 欲：想要。⑧ 访：询问。⑨ 理：办法，道理。⑩ 校：通“较”，比较。

◎ 译文：

曹操的儿子曹冲到五六岁的时候，知识和判断能力、意识所达到的程度，可以比得上成人。孙权曾经送来过一头巨象，曹操想要知道这象的重量，询问他的下属，都没法想出称象的办法。曹冲说：“把象安放到大船上，在水面所达到的地方做上记号，再让船装载其他东西，（称一下这些东西），那么比较就能知道结果了。”曹操听了很高兴，马上照这个办法做了。

心灵感悟

生活中，我们要善于观察，勤于思考，发挥自己的聪明才智，具体分析事物的矛盾并善于解决矛盾，才能化整为零地解决实际问题。

经典诵读

九、颜氏家训——勉学篇（节选）

颜之推

自古明王圣帝，犹须勤学，况凡庶乎！此事遍于经史，吾亦不能郑重，聊举近世切要，以启寤汝[①]耳。士大夫之弟，数岁已上，莫不被教，多者或至《礼》《传》，少者不失《诗》《论》。及至冠婚，体性稍定，因此天机，倍须训诱。有志向者，遂能磨砺[②]，以就素业；无履立者，自兹堕慢，便为凡人。人生在世，会当有业，农民则计量耕稼，商贾则讨论货贿，工巧则致精器用，伎艺则沉思法术，武夫则惯习弓马，文士则讲议经书。多见士大夫耻涉农商，羞务工伎，射则不能穿札[③]，笔则才记姓名，饱食醉酒，忽忽无事，以此销日，以此终年。或因家世馀绪，得一阶半级，便自为足，全忘修学；及有吉凶大事，议论得失，蒙然张口，如坐云雾；公私宴集，谈古赋诗，塞默低头，欠伸而已。有识旁观，代其入地。何惜数年勤学，长受一生愧辱哉！

梁朝全盛之时，贵游子弟，多无学术，至于谚云："上车不落则著作，体中何如则秘书。"无不熏衣剃面，傅粉施朱，驾长檐车，跟高齿履，坐棋子方褥，凭斑丝隐囊[④]，列器玩于左右，从容出入，望若神仙。明经求第，则顾人答策，三九公宴，则假手赋诗，当尔之时，亦快士也。及离乱之后，朝市迁革，铨衡[⑤]选举，非复曩者之亲，当路秉权，不见昔时之党。求诸身而无所得，施之世而无所用，被褐而丧珠，失皮而露质，兀若枯木，泊若穷流，鹿独戎马之间，转死沟壑之际。当尔之时，诚驽[⑥]材也。有学艺者，触地而安。自荒乱以来，诸见俘虏，虽百世小人，知读《论语》《孝经》者，尚为人师；虽千载冠冕[⑦]，不晓书记者，莫不耕田养马，以此观之，安可不自勉耶？若能常保数百卷书，千载终不为小人也。

（选自檀作文注译：《颜氏家训》，中华书局 2016 年版）

诵读指导

◎ 作者简介：

颜之推（531—约 591），字介，琅邪临沂人；出生于建康郡（今江苏省南京市）的一个士族官僚之家，为南齐治书御史颜见远之孙、南梁咨议参军颜协之子；中国古代文学家、教育家。

颜之推著有《颜氏家训》，是北朝后期重要散文作品，且在家庭教育发展史上有重要的影响。《北齐书》本传所载《观我生赋》，亦为赋作名篇。

◎ **注释：**

① 寤（wù）汝（rǔ）：提醒你们。② 磨（mó）砺（lì）：磨炼。③ 札（zhá）：铠甲。④ 囊（náng）：软囊。⑤ 铨（quán）衡（héng）：考核、选拔。⑥ 驽（nú）：愚钝无能。⑦ 冠（guān）冕（miǎn）：高官。

◎ **译文：**

自古以来的贤王圣帝，尚且需要勤奋学习，何况是普通百姓呢！这类事情遍见于经籍史书，我也不能一一列举，只举近代切要的，来启发提醒你们。士大夫的子弟，几岁以上，没有不受教育的，多的读到《礼记》《左传》，少的也起码读了《诗经》和《论语》。到了加冠成婚的年纪，体质性情稍稍定型，凭着这天赋的机灵，应该加倍训导教诲。有志向的，就能经受磨练，成就士族的事业；没有功业志向的，从此怠惰，就成为庸人。人生在世，应当有所专业，农民则商议耕稼，商人则讨论货财，工匠则精造器用，懂技艺的人则考虑方法技术，武夫则练习骑马射箭，文士则研究议论经书。然而常看到士大夫耻于涉足农商，羞于从事工技，射箭不能穿铠甲，握笔才记起姓名，饱食醉酒，恍惚空虚，以此来打发日子，虚度一生。有的凭家世余荫，弄到一官半职，就自感满足，全忘学习，遇到吉凶大事，议论得失时，就昏昏然张口结舌，像坐在云雾之中。公家或私人集会宴欢，别人谈古赋诗时，他又沉默低头，只会打呵欠伸懒腰。有见识的人在旁看到，真替他羞得无处容身。这些人为什么不愿用几年时间勤学，以致一辈子长时间受愧辱呢？

梁朝全盛时期，士族子弟，多数没有学问，以至有俗读说："上车不掉下来就可当著作郎，提笔能写身体如何，就做秘书官。"这些贵族子弟没有人不讲究熏衣剃面，涂脂抹粉，驾着长檐车，踏着高齿屐，坐着有棋盘图案的方块褥子，靠着用染色丝织成的软囊，左右摆满了器用玩物，从容地出入，看上去真好似神仙一般。到明经义求取及第时，就雇人回答考试问题；要出席朝廷显贵的宴会，就请人帮助作文赋诗。在这种时候，也算得上是个"才子佳士"。等到发生战乱流离后，朝代变迁，执掌选拔人才的职位的，不再是从前的亲属，当道执政掌权的，不再见当年的私党，他们想依靠自身，却一无所长，想跻身世事，却一无所用，他们外边披上粗麻短衣，却丧失了怀中的珠宝，失去了唬人的外表，露出了本来的面目。呆呆的像段枯木，有气无力像条干涸的水流，在乱军中颠沛流离，抛尸于荒野沟壑之中。在这种时候，他们真成了驽才。只有有学问才艺的人，才能随处都可以安身。从战乱以来，我所见的被俘虏的，即使世代寒士，但由于懂得读《论语》《孝经》，还能给人家当老师；即使是历代做大官的，但不懂得书牍，没有一个不是去耕田养马，从这点来看，怎能不自勉呢？如能经常保有几百卷的书，过上千年也不会沦为低贱小人。

心灵感悟

“忠厚传家久，诗书继世长”“家之兴替，在于礼义，不在于富贵贫贱”。良好的家风家训在人们的成长过程中起着关键的作用，是人们终身的财富，应当世代传承。

经典诵读

十、诗三首

长歌行

青青园中葵，朝露待日晞。
阳春布德泽，万物生光辉。
常恐秋节至，焜黄华叶衰。
百川东到海，何时复西归？
少壮不努力，老大徒伤悲。

（选自吴小如等撰写：《汉魏六朝诗鉴赏辞典》，上海辞书出版社 1992 年版）

明日歌（其一）

钱福

明日复明日，明日何其多。
我生待明日，万事成蹉跎。
世人若被明日累，春去秋来老将至。
朝看水东流，暮看日西坠。
百年明日能几何？请君听我明日歌。

明日歌（其二）

文嘉

明日复明日，明日何其多！
日日待明日，万事成蹉跎。

世人皆被明日累，明日无穷老将至。
晨昏滚滚水东流，今古悠悠日西坠。
百年明日能几何？请君听我明日歌。

（选自《中华经典必读》编委会编：《最美中华古诗词》，中国纺织出版社 2012 年版）

诵读指导

◎ **译文：**

《长歌行》

园中的葵菜都郁郁葱葱，晶莹的朝露在阳光下渐渐被晒干。春天把希望洒满了大地，万物都呈现出一派繁荣。常恐那肃杀的秋天来到，树叶儿黄落百草也凋零。百川奔腾着东流到大海，何时才能重新返回西边？少年人如果不及时努力，到老来只能是悔恨一生。

《明日歌》（其一）

明天又一个明天，明天何等的多。如果我们一生做事都要等待明天，一切事情都会错过机会。世上的人如果被明日牵累，则春去秋来衰老就会来到。早晨看河水向东流逝，傍晚看太阳向西坠落。人一生中又能有多少个明天？请你听一听我的《明日歌》。

《明日歌》（其二）

总是明日又明日，明日是何等的多啊！如果天天等待明天，那么只会空度时光，永远一事无成。世上的人都受"待明日"的害处，明日是无穷无尽的，但人却越来越老。从早到晚，一天天就像这滚滚东流水一样，飞逝而去，从古至今的漫长岁月，就是随着落日西下，慢慢过去。百年来的明日能有多少呢？请诸位听听我的《明日歌》。

心灵感悟

世界上的许多东西都能尽力争取和失而复得，只有时间难以挽留。人的生命只有一次，时间永不回头。诗人以通俗流畅的语言和通俗易懂的句子劝勉人们要珍惜时间，勿虚度年华，莫荒废光阴。

经典诵读

十一、谏太宗十思疏

魏征

臣闻：求木之长者，必固其根本；欲流之远者，必浚[①]其泉源；思国之安者，必积其德义。源不深而望流之远，根不固而求木之长，德不厚而思国之安，臣虽下愚，知其不可，而况于明哲乎？人君当神器之重，居域中之大。不念居安思危，戒奢以俭，斯亦伐根以求木茂，塞源而欲流长也。

凡昔元首，承天景命，善始者实繁，克终者盖寡。岂其取之易，守之难乎？盖在殷忧必竭诚以待下，既得志则纵情以傲物；竭诚则吴、越为一体，傲物则骨肉为行路。虽董之以严刑，震之以威怒，终苟免而不怀仁，貌恭而不心服。怨不在大，可畏惟人；载舟覆舟，所宜深慎。

诚能见可欲，则思知足以自戒；将有作，则思知止以安人；念高危，则思谦冲而自牧；惧满溢，则思江海下百川；乐盘游，则思三驱以为度；忧懈怠，则思慎始而敬终；虑壅[②]蔽，则思虚心以纳下；惧谗邪，则思正身以黜[③]恶；恩所加，则思无因喜以谬[④]赏；罚所及，则思无以怒而滥刑。总此十思，宏兹九德，简能而任之，择善而从之，则智者尽其谋，勇者竭其力，仁者播其惠，信者效其忠。文武并用，垂拱而治。何必劳神苦思，代百司之职役哉！

（选自吴楚材、吴调侯编，钱素洲译：《古文观止》，浙江教育出版社 2016 年版）

诵读指导

◎ **作者简介：**

魏征（580—643），字玄成，钜鹿郡（一说在今河北省巨鹿县，一说在今河北省馆陶县，也有说在河北晋州）人，唐朝政治家、思想家、文学家和史学家，因直言进谏，辅佐唐太宗共同创建“贞观之治”的大业，被后人称为“一代名相”。

◎ **注释：**

① 浚（jùn）：疏通，挖深。② 壅（yōng）：堵塞。③ 黜（chù）：降职或罢免。

④ 谬（miù）：错误的，不合情理的。

◎ 译文：

我听说想要树木生长，一定要稳固它的根；想要泉水流得远，一定要疏通它的源泉；想要国家安定，一定要厚积道德仁义。源泉不深却希望泉水流得远，根系不牢固却想要树木生长，道德不深厚却想要国家安定，我虽然地位低见识浅，（也）知道这是不可能的，更何况（您这）聪明睿智（的人）呢！国君处于皇帝的重要位置，在天地间尊大，如果不在安逸的环境中想着危难，戒奢侈，行节俭，这也（如同）挖断树根来求得树木茂盛，堵塞源泉而想要泉水流得远啊。

（古代）所有的帝王，承受了上天赋予的重大使命。国君开头做得好的确实很多，能够坚持到底的却不多，难道是取得天下容易守住天下困难吗？通常处在深重的忧虑之中一定能竭尽诚心来对待臣民，已经成功，就放纵自己的性情来傲视别人。竭尽诚心，即使是如吴越之世仇也能结成一家；傲视别人，则会使亲人成为陌路之人。即使用严酷的刑罚来督责（人们），用威风怒气来吓唬（人们），（臣民）只求苟且免于刑罚而不怀念感激国君的仁德，表面上恭敬而在内心里却不服气。（臣民）对国君的怨恨不在大小，可怕的是百姓，（他们像水一样）能够负载船只，也能颠覆船只，这是应当深切谨慎的。

（国君）如果真的能够做到一见到能引起（自己）喜好的东西就要想到用知足来自我克制，将要兴建什么就要想到适可而止来使百姓安定，想到帝位高高在上就想到要谦虚并加强自我约束，害怕骄傲自满就想到要像江海那样能够（处于）众多河流的下游，喜爱狩猎就想到网三面留一面，担心意志松懈就想到（做事）要慎始慎终，担心（言路）不通受蒙蔽就想到虚心采纳臣下的意见，考虑到（朝中可能会出现）谗佞奸邪就想到使自身端正（才能）罢黜奸邪，施加恩泽就要考虑到不要因为一时高兴而奖赏不当，动用刑罚就要想到不要因为一时发怒而滥用刑罚。全面做到这十件应该深思的事，弘扬这九种美德，选拔有才能的人而任用他，挑选好的意见而听从它。那么有智慧的人就能充分献出他的谋略，勇敢的人就能完全使出他的力量，仁爱的人就能散播他的恩惠，诚信的人就能献出他的忠诚。文臣武将争先恐后前来效力，皇上弹着琴垂衣拱手就能治理好天下，为什么一定要（自己）劳神费思，代替臣下管理职事呢？

心灵感悟

“十思”的核心内容是正人安己，我们在生活中要学会居安思危，不骄不躁、虚怀若谷、虚心接纳他人的意见，要戒奢侈、勤俭朴素、继承优良传统。

经典诵读

十二、师说

韩愈

古之学者必有师。师者，所以传道受业解惑也。人非生而知之者，孰能无惑？惑而不从师，其为惑也，终不解矣。生乎吾前，其闻道也固先乎吾，吾从而师之；生乎吾后，其闻道也亦先乎吾，吾从而师之。吾师道也，夫庸知其年之先后生于吾乎？是故无贵无贱，无长无少，道之所存，师之所存也。

嗟乎！师道之不传也久矣！欲人之无惑也难矣！古之圣人，其出人也远矣，犹且从师而问焉；今之众人，其下圣人也亦远矣，而耻学于师。是故圣益圣，愚益愚。圣人之所以为圣，愚人之所以为愚，其皆出于此乎？爱其子，择师而教之；于其身也，则耻师焉，惑矣。彼童子之师，授之书而习其句读者[①]，非吾所谓传其道解其惑者也。句读之不知，惑之不解，或师焉，或不焉，小学而大遗，吾未见其明也。巫医、乐师、百工之人，不耻相师。士大夫之族，曰师曰弟子云者，则群聚而笑之。问之，则曰："彼与彼年相若也，道相似也。位卑则足羞，官盛则近谀。"呜呼！师道之不复可知矣。巫医、乐师、百工之人，君子不齿，今其智乃反不能及，其可怪也欤！

圣人无常师。孔子师郯子[②]、苌弘[③]、师襄[④]、老聃[⑤]。郯子之徒，贤不及孔子。孔子曰：三人行，则必有我师。是故弟子不必不如师，师不必贤于弟子，闻道有先后，术业有专攻，如是而已。

李氏子蟠[⑥]，年十七，好古文，六艺经传[⑦]皆通习之，不拘于时，学于余。余嘉其能行古道，作《师说》以贻之。

（选自陈振鹏、章培恒主编：《古文鉴赏辞典》上册，上海辞书出版社 2014 年版）

诵读指导

◎ **作者简介**：

韩愈（768—824），字退之，河南河阳（今河南省孟州市）人，自称"郡望昌黎"，世称"韩昌黎""昌黎先生"。唐代杰出的文学家、思想家、哲学家、政治家。

贞元八年（792），韩愈登进士第，两任节度推官，累官监察御史。贞元十九年

（803），因论事而被贬阳山，后历都官员外郎、史馆修撰、中书舍人等职。元和十二年（817），出任宰相裴度的行军司马，参与讨平“淮西之乱”。元和十四年（819），又因谏迎佛骨一事被贬至潮州。晚年官至吏部侍郎，人称“韩吏部”。长庆四年（824），韩愈病逝，年五十七，追赠礼部尚书，谥号“文”，故称“韩文公”。元丰元年（1078），追封昌黎伯，并从祀孔庙。韩愈是唐代古文运动的倡导者，被后人尊为“唐宋八大家”之首，与柳宗元并称“韩柳”，有“文章巨公”和“百代文宗”之名。后人将其与柳宗元、欧阳修和苏轼合称“千古文章四大家”。韩愈在旧《广东通志》中被称为“广东古八贤”之一。他提出的“文道合一”“气盛言宜”“务去陈言”“文从字顺”等散文的写作理论，对后人很有指导意义。著有《韩昌黎集》四十卷，《外集》十卷等。

◎ **注释：**

① 授之书而习其句读（dòu）：教给他书，（帮助他）学习其中的文句。之，指童子。习，使……学习。其，指书。句读，也叫句逗，古人指文辞休止和停顿处。文辞意尽处为句，语意未尽而须停顿处为读（逗）。古代书籍上没有标点，老师教学童读书时要进行句读（逗）的教学。② 郯（tán）子：春秋时郯国（今山东省郯城县境）国君，相传孔子曾向他请教官职。③苌（cháng）弘：东周敬王时候的大夫，相传孔子曾向他请教古乐。④ 师襄：春秋时鲁国的乐官，名襄，相传孔子曾向他学琴。⑤ 老聃（dān）：即老子，姓李名耳，春秋时楚国人，思想家，道家学派创始人。相传孔子曾向他学习周礼。聃是老子的字。⑥ 李氏子蟠（pán）：李家的孩子名蟠。李蟠，韩愈的弟子，唐德宗贞元十九年(803)进士。⑦ 六艺经传(zhuàn)皆通习之：六艺的经文和传文都普遍地学习了。六艺，指六经，即《诗》《书》《礼》《乐》《易》《春秋》六部儒家经典。《乐》已失传，此为古说。传，古称解释经文的著作为传。通，普遍。

◎ **译文：**

古代求学的人一定有老师。老师，是（可以）依靠来传授道理、教授学业、解答疑难问题的。人不是生下来就懂得道理的，谁能没有疑惑？（有了）疑惑，如果不跟从老师（学习），那些疑难问题，最终也不能得到解答。生在我前面，他懂得道理本来就早于我，我（应该）跟从（他）把他当作老师；生在我后面，（如果）他懂得的道理也早于我，我（也应该）跟从（他）把他当作老师。我（是向他）学习道理啊，哪管他的生年比我早还是比我晚呢？因此，无论地位高低贵贱，无论年纪大小，道理存在的地方，就是老师存在的地方。

唉，（古代）从师（学习）的风尚不流传已经很久了，想要人没有疑惑难啊！古代的圣人，他们超出一般人很远，尚且跟从老师学习请教；现在的一般人，他们（的才智）低于圣人很多，却以向老师学习为耻。因此圣人就更加圣明，愚人就更加愚昧。圣人之所以能成为圣人，愚人之所以能成为愚人，大概都出于这吧？（人们）爱他们的孩子，就选择老师来教他，（但是）他自己呢，却以跟从老师（学习）为耻，真是糊涂啊！那些孩子们的老师，是教他们读书，（帮助他们）学习断句的，不是我所说的能传授圣贤之道，解答疑难问题的。（一方面）不通晓句读，（另一方面）不能解决疑惑，有的（句读）向老师学习，有的（疑惑）却不向老师学习，小的方面倒要学习，大的方面反而放弃（不学），我没看出这种人是明智的。巫医、乐师和各种工匠这些人，不以互相学习为耻。士大夫这类人，（听到）称“老师”称“弟子”的，就成群聚在一起讥笑人家。问他们（为什么讥笑），就说：“他和他年龄差不多，道德学问也差不多，（以）地位低（的人为师），就觉得羞耻，（以）官职高（的人为师），就近乎谄媚了。”唉！（古代那种）跟从老师学习的风尚不能恢复，（从这些话里就）可以明白了。巫医、乐师和各种工匠这些人，君子们不屑一提，现在他们的见识竟反而赶不上（这些人），真是令人奇怪啊！

圣人没有固定的老师。孔子曾以郯子、苌弘、师襄、老聃为师。郯子这些人，他们的贤能都比不上孔子。孔子说：“几个人一起走，（其中）一定有（可以当）我的老师（的人）。”因此学生不一定不如老师，老师不一定比学生贤能，听到的道理有早有晚，学问技艺各有专长，如此罢了。

李家的孩子蟠，年龄十七，喜欢古文，六经的经文和传文都普遍地学习了，不受时俗的拘束，向我学习。我赞许他能够遵行古人（从师）的途径，写这篇《师说》来赠送他。

心灵感悟

文章通过古今师风、学风的对比，论述了教师的作用和从师求学的原因，说明了能者为师的理，批判了士大夫耻于从师的风气，也赞扬了劳动者乐于从师的风尚。

经典诵读

十三、四时读书乐

翁森

春

山光照槛水绕廊，舞雩归咏春风香。
好鸟枝头亦朋友，落花水面皆文章。

蹉跎莫遣韶光老，人生唯有读书好。
读书之乐乐何如，绿满窗前草不除。

夏

修竹压檐桑四围，小斋幽敞明朱晖。
昼长吟罢蝉鸣树，夜深烬落萤入帏。
北窗高卧羲皇侣，只因素稔[①]读书趣。
读书之乐乐无穷，瑶琴一曲来熏风。

秋

昨夜前庭叶有声，篱豆花开蟋蟀鸣。
不觉商意满林薄，萧然万籁涵虚清。
近床赖有短檠[②]在，对此读书功更倍。
读书之乐乐陶陶，起弄明月霜天高。

冬

木落水尽千崖枯，迥然吾亦见真吾。
坐对韦编灯动壁，高歌夜半雪压庐。
地炉茶鼎烹活火，四壁图书中有我。
读书之乐何处寻，数点梅花天地心。

（选自张卫中主编：《中国传统文化概论》，浙江大学出版社 2008 年版）

诵读指导

◎ **作者简介：**

翁森，宋末元初人，字秀卿，号一瓢，浙江仙居人。宋亡，他隐居不仕，以教书为业，先后从学者八百余人。元废科举，学风日下，先生以朱熹的白鹿洞学规为训，以儒学教化乡里，历经多年，致使乡里文教之风“彬彬称盛”。著有《一瓢稿》。

◎ **注释：**

① 稔（rěn）：知道。② 檠（qíng）：灯架，烛台。

◎ **译文：**

春：阳光照在堂外的栏杆，流水淙淙绕着长廊流过，乘凉归来的人们，沐浴着春风送来花香，一边走一边吟唱着诗歌。停在枝头的鸟儿，那是伴我读书的朋友；漂在水上的落花，可以启发我作出美妙的文章。不要蹉跎岁月，人生只有读书是最好的事。读书的乐趣是怎样的？好比绿草长到窗前而不剪除，放眼望去，一派欣欣向荣的景象。

夏：新长出来的竹子垂压着屋檐，屋子四周种满桑树。我的小书斋安静敞亮，映入灿烂的阳光。白天变长了，读完书以后，听听蝉儿在树上的鸣叫；夜晚读书时，灯花一节节落下，还有萤火虫飞入帷帐。只因为向来深知读书的乐趣，我在北面的窗户下闲适地躺着，就像远古时候羲皇时代的人一样逍遥自在。读书的乐趣是无穷的，好比沐浴着煦暖的南风，用瑶琴来弹奏一曲。

秋：昨天夜里，我听到了庭前树叶落下的声音，篱笆上的紫豆花开了，蟋蟀在鸣叫。不知不觉，原野里已到处是秋天的气息，大自然的各种声音都含着冷清的意味，一片萧瑟的景象。床旁多亏有一盏矮灯，就着它读书的效果加倍地好。读书的乐趣很令人愉悦，好比在高远的秋夜里，起身来赏玩明月。

冬：树木凋零，江河干涸，群山枯槁。在这辽阔的天地间，我正可以看清“真我”的本质。我坐在那儿，展开书卷而读，灯光摇曳，映射在墙上，墙壁好像也跟着在晃动；我高声朗读着书，外面雪得很大，半夜里，我的房顶全被积雪覆盖了。地上的火炉里，炭在燃烧，锅里正在煮着茶，我就在四壁放满了图书的空间里读书。读书之乐到哪里去寻找？就在这寒天雪地，且看那几朵盛开的梅花，从中我们可以体会天地孕育万物之心。

心灵感悟

《四时读书乐》以生动的艺术形式、绮丽的文学意象，概括了中国古典社会的读书情趣。《四时读书乐》诗中有画，画中有诗，诗画并茂，景情并茂，以其蕴含的无限书香雅趣，写出了读书人的生活情趣。尤其是它那“凡人及时读书，便可无时不乐”的理性主题，曾几何时，又构建了多少读书人在漫漫历史岁月里和坎坷的人生旅程上的精神家园，鞠育了多少书童学子于书卷中求学求知并甘为中国文化香火之传人的志愿抱负。

经典诵读

十四、为学

彭端淑

天下事有难易乎？为之，则难者亦易矣；不为，则易者亦难矣。人之为学有难易乎？学之，则难者亦易矣；不学，则易者亦难矣。吾资之昏，不逮人也，吾材之庸，不逮人也；旦旦而学之，久而不怠焉，迄乎成，而亦不知其昏与庸也。吾资之聪，倍人[①]也，吾材之敏，倍人也；屏[②]弃而不用，其与昏与庸无以异也。圣人[③]之道，卒于鲁也传之。然则昏庸聪敏之用，岂有常哉？蜀之鄙[④]有二僧：其一贫，其一富。贫者语于富者曰："吾欲之南海[⑤]，何如？"富者曰："子何恃[⑥]而往？"曰："吾一瓶一钵[⑦]足矣。"富者曰："吾数年来欲买舟而下，犹未能也。子何恃而往！"越明年，贫者自南海还以告富者，富者有惭色。西蜀之去南海，不知几千里也，僧富者不能至而贫者至焉。人之立志，顾不如[⑧]蜀鄙之僧哉？是故聪与敏，可恃而不可恃也；自恃其聪与敏而不学者，自败者也。昏与庸，可限而不可限也；不自限其昏与庸，而力学不倦者，自力者也。[⑨]

（选自李朝正、徐敦忠著：《彭端淑诗文注》，巴蜀书社 1995 年版）

诵读指导

◎ **作者简介：**

彭端淑（1699—1779），字乐斋，清代眉州丹棱（今四川丹棱县）人，号仪一。生于清圣祖康熙三十八年，卒于清高宗乾隆四十四年。清朝官员、文学家，与李调元、张问陶一起被后人并称为"清代四川三才子"。彭端淑十岁能文，十二岁入县学，与兄彭端洪及弟彭肇洙、彭遵泗在丹棱萃龙山的紫云寺读书。雍正四年（1726），彭端淑考中举人，雍正十一年（1733）又考中进士，进入仕途，任吏部主事，迁本部员外郎、郎中。乾隆十二年（1747），彭端淑充顺天（今北京）乡试同考官。乾隆二十年辞职返川，任成都锦江书院主讲、院长二十年，造就了大批优秀人才，如李调元、张船山等。八十一岁时病故于成都南郊白鹤堂。著有《白鹤堂集》《雪夜诗坛》等。《为学》，意为做学问，原题为《为学一首示子侄》。

◎ 注释：

① 倍人："倍于人"的省略。② 屏：同"摒"，除去、排除。③ 圣人：指孔子。④ 鄙：边远的地方。⑤南海：指佛教圣地普陀山。⑥ 何恃："恃何"的倒装。恃，凭借、依靠。⑦ 钵：和尚用的饭碗。⑧ 顾不如：难道还不如。顾，难道。⑨ 自力者也：判断句，表示肯定，靠自己努力学成的。

◎ 译文：

天下的事情有困难和容易之分吗？做了，那么困难之事会变得容易。不做，那么容易之事也会变困难。人们求学、做学问有困难与容易的区别吗？去学，那么困难之事也会变容易；不学，那么容易之事也会变困难。

我天资愚笨，赶不上别人；我才能平庸，赶不上别人。我每天持之以恒地提高自己（也可翻译为：每天不停地学习），等到学成了，也就不知道自己愚笨与平庸了。我天资聪明，超过别人，能力也超过别人，却不努力去发挥，则与普通人无异。孔子的学问最终是靠不怎么聪明的曾参传下来的。如此看来，聪明愚笨，难道是一成不变的吗？

四川边境有两个和尚，其中一个贫穷，另一个富有。穷和尚对富和尚说："我想要去南海，怎么样？"富和尚说："你凭借什么去？"穷和尚说："我有一个水瓶和一个饭碗就足够了。"富和尚说："我多年来想要雇船顺流而下，还没能够去成呢，你凭借什么去？！"到了第二年，穷和尚从南海返回，把（到达过南海）这件事告诉了富和尚。富和尚面有惭愧之色。

四川距离南海不知道有几千里的路，富和尚不能到而穷和尚到了。一个人立志求学，难道还不如四川边远地方的和尚吗？因此，聪明与敏捷，可以依靠但也不可以依靠；依靠着聪明与敏捷而不努力学习的人，是自己毁了自己。愚笨和平庸，可以限制人又不可以限制人；不被自己的愚笨平庸所局限而努力不倦地学习的人，是靠自己努力学成的。

心灵感悟

我们只有立下了目标，努力去实现，才会获得成功。主观努力是成败的关键。人贵立志，事在人为。人要立长志，不要常立志。人之为学，贵在立志，客观条件的好坏、天资的高低固然有影响，但成功的关键在于主观努力。

经典诵读

十五、谈读书

〔英〕弗朗西斯·培根

读书足以怡情[①]，足以傅彩[②]，足以长才。其怡情也，最见于独处幽居之时；其傅彩也，最见于高谈阔论之中；其长才也，最见于处世判事之际。练达之士虽能分别处理细事或一一判别枝节，然纵观统筹、全局策划，则非好学深思者莫属。读书费时过多易惰，文采藻饰[③]太盛则矫[④]，全凭条文断事乃学究[⑤]故态。读书补天然之不足，经验又补读书之不足，盖天生才干犹如自然花草，读书然后知如何修剪移接；而书中所示，如不以经验范之，则又大而无当。狡黠者鄙[⑥]读书，无知者羡读书，唯明智之士用读书，然书并不以用处告人，用书之智不在书中，而在书外，全凭观察得之。

读书时不可存心诘难[⑦]作者，不可尽信书上所言，亦不可寻章摘句[⑧]，而应推敲细思。书有可浅尝者，有可吞食者，少数则需咀嚼消化。换言之，有只需读其部分者，有只需大体涉猎者，少数则须全读，读时须全神贯注，孜孜不倦。书亦可请人代读，取其所作摘要，但只限题材较次或价值不高者，否则书经提炼犹如水经蒸馏，味同嚼蜡[⑨]矣。读书使人充实，讨论使人机智，作文使人准确。因此不常作文者须记忆特强，不常讨论者须天生聪颖，不常读书者须欺世有术，始能无知而显有知。

读史使人明智，读诗使人灵秀，数学使人周密，科学使人深刻，伦理学使人庄重，逻辑修辞之学使人善辩：凡有所学，皆成性格。人之才智但有滞碍[⑩]，无不可读适当之书使之顺畅，一如身体百病，皆可借相宜之运动除之。滚球利睾肾，射箭利胸肺，漫步利肠胃，骑术利头脑，诸如此类。如智力不集中，可令读数学，盖演算须全神贯注，稍有分散即须重演；如不能辨异，可令读经院哲学，盖此辈皆吹毛求疵[⑪]之人；如不善求同，不善以一物阐证[⑫]另一物，可令读律师之案卷。如此头脑中凡有缺陷，皆有特药可医。

（选自培根著，王佐良译：《培根随笔》，西安交通大学出版社 2013 年版）

诵读指导

◎ **作者简介：**

弗朗西斯·培根，英国文艺复兴时期散文家、哲学家。英国唯物主义哲学家，实验科学的创始人，是近代归纳法的创始人，又是将科学研究程序进行逻辑组织化的先驱。其主要著作有《新工具》《论科学的增进》以及《学术的伟大复兴》等。

◎ **注释：**

① 怡情：使心情愉快。② 傅（fù）彩（cǎi）：增添光彩。③ 文采藻饰：修饰文辞，使之富有文采。④ 矫（jiǎo）：做作，不真实。⑤ 学究：迂腐的读书人。⑥ 鄙（bǐ）：看不起。⑦ 诘（jié）难（nàn）：诘问，为难。⑧ 寻章摘句：搜寻、摘取文章的片段词句。指读书局限于文字的推求。⑨ 味同嚼（jiáo）蜡（là）：形容写文章或说话枯燥无味。⑩ 滞（zhì）碍（ài）：不畅通。⑪ 吹毛求疵（cī）：这里指细致到烦琐、挑剔的地步。⑫ 阐证：阐述论证。

心灵感悟

在读书的意义和作用方面，培根有十分精辟的论述："读书足以怡情，足以傅彩，足以长才。其怡情也，最见于独处幽居之时；其傅彩也，最见于高谈阔论之中；其长才也，最见于处世判事之际。""读史使人明智，读诗使人灵秀，数学使人周密，科学使人深刻，伦理学使人庄重，逻辑修辞之学使人善辩，凡有所学皆成性格。"培根说："人的天性像是野生的花草，读书像是修剪移栽。一个没有目标没有重点盲目读书的人，最终只能成为书的奴隶。"读书方法上培根注重理论与实践相结合："运用的方法乃在书本之外，这是一门技艺，不经实验就不能学到。"培根说："有的书只要读其中的一部分，有的书只需知其中梗概即可，而对一些好书则要反复地读。"

《谈读书》对读书的意义、作用和方法都做了透彻的论述，今天，无论是读书治学还是掌握现代先进的科学技术，我们都可以从《谈读书》中找到指导方法。我想，做到爱读书、会读书，这样才能读好书，才能学好知识。

知行合一

知行合一就是将我们的知识应用于实际之中，真正地做到学有所用、用有所成。作为新时代的学生，我们更应当做到知识与行动、理论与实践相结合，把我们的学习与生活和社会实践真正地统一起来，在行动中探求真知，在实践中对自己合理定位，努力成长成为知行合一的复合型人才。

经典诵读

一、谏逐客书

李斯

臣闻吏议逐客，窃以为过矣。

昔穆公求士，西取由余于戎，东得百里奚于宛，迎蹇叔[①]于宋，来邳豹、公孙支于晋。此五子者，不产于秦，而穆公用之，并国二十，遂霸西戎。孝公用商鞅之法，移风易俗，民以殷盛，国以富强，百姓乐用，诸侯亲服，获楚、魏之师，举地千里，至今治强。惠王用张仪之计，拔三川之地，西并巴、蜀，北收上郡，南取汉中，包九夷，制鄢、郢，东据成皋之险，割膏腴之壤，遂散六国之从，使之西面事秦，功施到今。昭王得范睢，废穰侯[②]，逐华阳，强公室，杜私门，蚕食诸侯，使秦成帝业。此四君者，皆以客之功。由此观之，客何负于秦哉！向使四君却客而不内，疏士而不用，是使国无富利之实，而秦无强大之名也。

今陛下致昆山之玉，有随和之宝，垂明月之珠，服太阿之剑，乘纤离之马，建翠凤之旗，树灵鼍[③]之鼓。此数宝者，秦不生一焉，而陛下说之，何也？必秦国之所生然后可，则是夜光之璧不饰朝廷，犀象之器不为玩好，郑、卫之女不充后宫，而骏良駃騠不实外厩[④]，江南金锡不为用，西蜀丹青不为采。所以饰后宫，充下陈，娱心意，悦耳目者，必出于秦然后可，则是宛珠之簪，傅玑之珥，阿缟[⑤]之衣，锦绣之饰不进于前，而随俗雅化，佳冶窈窕，赵女不立于侧也。夫击瓮叩缶弹筝搏髀，而歌呼呜呜快耳目者，真秦之声也；郑卫桑间、韶、虞、武、象者，异国之乐也。今弃击瓮而就郑卫，退弹筝而取韶虞，若是者何也？快意当前，适观而已矣。今取人则不然。不问可否，不论曲直，非秦者去，为客者逐。然则是所重者在乎色乐珠玉，而所轻者在乎人民也。此非所以跨海内、制诸侯之术也。

臣闻地广者粟多，国大者人众，兵强则士勇。是以泰山不让土壤，故能成其大；河海不择细流，故能就其深；王者不却众庶，故能明其德。是以地无四方，民无异国，四时充美，鬼神降福，此五帝三王之所以无敌也。今乃弃黔首以资敌国，却宾客以业诸侯，使天下之士退而不敢西向，裹足不入秦，此所谓“借寇兵而赍[⑥]盗粮”者也。

夫物不产于秦，可宝者多；士不产于秦，而愿忠者众。今逐客以资敌国，损民以益雠，内自虚而外树怨于诸侯，求国无危，不可得也。

（选自方铭主编：《中国文学史：先秦秦汉卷》，长春出版社 2013 年版）

诵读指导

◎ **作者简介：**

李斯（约前 280—前 208），战国末年楚国上蔡（今河南驻马店上蔡县）人，秦朝丞相，中国历史上著名的政治家、文学家和书法家。

◎ **注释：**

① 蹇（jiǎn）叔：百里奚的好友。百里奚对穆公说："臣不及臣友蹇叔，蹇叔贤而世莫知。"经百里奚推荐，秦穆公把蹇叔从宋国请来，委任为上大夫。② 穰（ráng）侯：即魏冉，楚人后裔，秦昭王母宣太后之异父弟，秦武王去世，拥立秦昭王，任将军，多次为相，受封于穰（今河南邓州市），故称穰侯，后又加封陶（今山东定陶西北）。因秦昭王听用范雎之言，被免去相职，终老于陶。③ 鼍（tuó）：亦称扬子鳄，俗称猪婆龙，皮可蒙鼓。④ 駃（jué）騠（tí）：骏马名。外厩（jiù），宫外的马圈。⑤ 缟（gǎo）：未经染色的绢。⑥ 赍（jī）：送，送给。

◎ **译文：**

我听说官吏在商议驱逐客卿这件事，私下里认为是错误的。

从前秦穆公寻求贤士，西边从西戎取得由余，东边从宛地得到百里奚，又从宋国迎来蹇叔，还从晋国招来丕豹、公孙支。这五位贤人，不生在秦国，而秦穆公重用他们，吞并国家二十多个，于是称霸西戎。秦孝公采用商鞅的新法，移风易俗，人民因此殷实，国家因此富强，百姓乐意为国效力，诸侯亲附归服，战胜楚国、魏国的军队，攻取土地上千里，使国家至今政治安定，国力强盛。秦惠王采纳张仪的计策，攻下三川地区，西进兼并巴、蜀两国，北上收得上郡，南下攻取汉中，席卷九夷各部，控制鄢、郢之地，东面占据成皋天险，割取肥田沃土，于是拆散六国的合纵同盟，使他们朝西事奉秦国，功烈延续到今天。昭王得到范雎，废黜穰侯，驱逐华阳君，加强、巩固了王室的权力，堵塞了权贵垄断政治的局面，蚕食诸侯领土，使秦国成就帝王大业。这四位君主，都依靠了客卿的功劳。由此看来，客卿哪有什么对不住秦国的地方呢！倘若四位君主拒绝远客而不予接纳，疏远贤士而不加任用，这就会使国家没有丰厚的实力，而让秦国没有强大的名声了。

陛下得到昆山的美玉，宫中有随侯之珠、和氏之璧，衣饰上缀着光如明月的宝珠，身上佩戴着太阿宝剑，乘坐的是名贵的纤离马，树立的是以翠凤羽毛为饰的旗子，陈设的是蒙着灵鼍之皮的好鼓。这些宝贵之物，没有一种是秦国产的，而陛下却很喜欢它们，这是为什么呢？如果一定要是秦国出产的才许可采用，那么这种夜光宝玉，决不会成为秦廷的装饰；犀角、象牙雕成的器物，也不会成为陛下的玩好之物；郑、卫二地能歌善舞的女子，也不会填满陛下的后宫；北方的名骥良马，决不会充实陛下的马房；江南的金锡不会为陛下所用；西蜀的丹青也不会作为彩饰。如果用以装饰后宫、广充侍妾、爽心快意、悦人耳目的所有这些都要是秦国生长、生产的然后才可用的话，那么点缀有珠宝的簪子，耳上的玉坠，丝织的衣服，锦绣的装饰，就都不会进献到陛下面前；那些随着流行样式打扮自己的美好窈窕的赵地女子，也不会立于陛下的身旁。那敲击瓦器、拍髀弹筝、呜呜呀呀地歌唱，能快人耳目的，的确是秦国的地道音乐了，那郑、卫桑间的歌声，《韶虞》《武象》等乐曲，可算是外国的音乐了。如今陛下却抛弃了秦国地道的敲击瓦器的音乐，而取用郑、卫淫靡悦耳之音，不要秦筝而要《韶虞》，这是为什么呢？难道不是因为外国音乐可以使人快意、可以满足娱人耳目的需要吗？可陛下对用人却不是这样，不问是否可用，不管是非曲直，凡不是秦国的就要离开，凡是客卿都要驱逐。这样做就说明，陛下所看重的，只在珠玉声色方面；而所轻视的，却是人民士众。这不是能用来驾驭天下，制服诸侯的方法啊！

我听说田地广就粮食多，国家大就人口众，武器精良将士就骁勇。因此，泰山不拒绝泥土，所以能成就它的高大；江河湖海不舍弃细流，所以能成就它的深邃；有志建立王业的人不嫌弃民众，所以能彰明他的德行。因此，土地不分东西南北，百姓不论异国它邦，一年四季富裕美好，天地鬼神降赐福运，这就是五帝、三王无可匹敌的缘故。抛弃百姓使之去帮助敌国，拒绝宾客使之去事奉其他诸侯，使天下的贤士退却而不敢西进，裹足止步不入秦国，这就叫作“借武器给敌寇，送粮食给盗贼”啊。

物品中不出产在秦国，而宝贵的却很多；贤士中不出生于秦，愿意效忠的也很多。如今驱逐宾客来资助敌国，减损自身人口来充实对手，对内部削弱自身实力而外部在诸侯中树立怨恨，那想要国家没有危难，是不可能的啊。

心灵感悟

《谏逐客书》是李斯的一篇优秀的古代公文。

文章先叙述自秦穆公以来皆以客致强的历史，说明秦若无客的辅助则未必强大的道理；然后列举各种女乐珠玉虽非秦地所产却被喜爱的事实作比，说明秦王不应该重物而轻人。文章立意高深，始终围绕“大一统”的目标，从秦王统一天下的高度立论，正反论证，利害并举，说明用客卿强国的重要性。此文理足词胜，雄辩滔滔，打动了秦王嬴政，使他收回逐客的成命，恢复了李斯的官职。

“书”不是书信，而是上书、奏章，是一种臣子向帝王逐条分析事理的公文名称，与表性质类似。该文能比较充分地体现公文的一些本质属性，正是这些公文本质属性成了该文鲜明的特色。

经典诵读

二、“三上”

欧阳修

钱思公[①]虽生长富贵，而少所嗜好。在西洛[②]时尝[③]语[④]僚属[⑤]，言平生惟好读书，坐则读经史，卧则读小说[⑥]，上厕则阅小辞[⑦]。盖未尝顷刻释卷也。

谢希深亦言：宋公垂同在史院，每走厕必挟书以往，讽诵之声琅然[⑧]，闻于远近，亦笃学[⑨]如此。余因谓希深曰：余平生所作文章，多在三上，乃马上、枕上、厕上也。盖惟此尤可以属思尔。

（选自李之亮注译：《唐宋名家文集·欧阳修集》，中州古籍出版社 2010 年版）

诵读指导

◎ **作者简介：**

欧阳修（1007—1072），字永叔，号醉翁，晚号六一居士，汉族，吉州永丰（今江西省吉安市永丰县）人，北宋政治家、文学家。因吉州原属庐陵郡，以“庐陵欧阳修”自居。天圣八年（1030 年）进士。累擢知制诰、翰林学士，历枢密副使、参知政事。宋神宗朝，迁兵部尚书，以太子少师致仕。卒谥文忠。政治上曾支持过范仲淹等的革新主张，文学上主张明道、致用，对宋初以来靡丽、险怪的文风表示不满，并积极培养后进，是北宋古文运动的领袖。其散文说理畅达，抒情委婉，为“唐宋八大家”之一。诗风与其散文近似，语言流畅自然。其词婉丽，承袭南唐余风。曾与宋祁合修《新唐书》，并独撰《新五代史》。又喜收集金石文字，编为《集古录》，对宋代金石学颇有影响。有《欧阳文忠集》。

◎ **注释：**

① 钱思公：钱惟演，北宋“西昆体”代表作家之一，吴越王钱俶的儿子，从其父归宋，宋景祐中以枢密副使任西京留守。下文提及的谢希深（谢绛）、宋公垂（宋绶）也以文学知名一时。② 西洛：洛阳。③ 尝：曾经。④ 语：告诉。⑤ 僚属：官府的辅助官。当时，欧阳修、谢绛等都是钱惟演的僚属。⑥ 小说：指先秦百家著作以及后来的各种杂记。⑦ 小辞：指短小的诗词。⑧ 琅然：声音清脆。⑨ 笃学：

十分好学。

◎ 译文：

钱思公虽然出身富贵之家，但是没什么不良爱好。在西京洛阳时曾经告诉僚属们，说自己这一生只喜欢读书，坐着的时候就读经史，躺在床上就读各种杂记小说，上厕所的时候就读短小的诗歌、小令。大概从来没有半刻放下书的时候。

谢希深也说，同在史院的宋公垂，每当去厕所都夹着书，诵读的声音清脆，远近都能听到，也是如此好学。于是我告诉希深，说："我平生所作的文章，多是在'三上'，就是马背上、枕头上、厕座上。大概只有此等之处可以构思吧。"

心灵感悟

欧阳修说："为文有三多：看多、证多、商量多。"意思说：多看书，学习别人的写作经验；多写作，在实践中提高；多与别人商量、研究，虚心求教，力争把文章写得完美。他又说："余平生所作文章，多在'三上'：乃马上、枕上、厕上也。"意思是说，他常常利用外出、就寝，甚至上厕所解手的时候，抓紧时间思考文章。我们要学习欧阳修成功的秘诀。

经典诵读

三、《传习录》卷上·徐爱录（节选一）

王阳明

爱因未会先生"知行合一"之训，与宗贤、唯贤往复辩论，未能决。以问于先生。

先生曰："试举看。"

爱曰："如今人尽有知得父当孝、兄当弟者，却不能孝、不能弟。便是知与行分明是两件。"

先生曰："此已被私欲隔断，不是知行的本体了。未有知而不行者。知而不行，只是未知。圣贤教人知行，正是要复那本体，不是着你只恁的便罢。故《大学》指个真知行与人看，说'如好好色，如恶恶臭'。见好色属知，好好色属行。只见那好色时已自好了，不是见了后又立个心去好。闻恶臭属知，恶恶臭属行。只闻那恶臭时已自恶了，不是闻了后别立个心去恶。如鼻塞人虽见恶臭在前，鼻中不曾闻得，便亦不甚恶，亦只是不曾知臭。

就如称某人知孝、某人知弟。必是其人已曾行孝行弟，方可称他知孝知弟，不成只是晓得说些孝弟的话，便可称为知孝知弟。又如知痛，必已自痛了方知痛；知寒，必已自寒了；知饥，必已自饥了：知行如何分得开？此便是知行的本体，不曾有私意隔断的。圣人教人，必要是如此，方可谓之知。不然，只是不曾知。此却是何等紧切着实的功夫！如今苦苦定要说知行做两个，是甚么意？某要说做一个，是什么意？若不知立言宗旨。只管说一个两个，亦有甚用？”

（选自王阳明著，费勇译：《传习录》，三秦出版社 2018 年版）

诵读指导

◎ **作者简介：**

王阳明（1472—1529），原名王守仁，汉族，幼名云，字伯安，别号阳明，浙江绍兴府余姚县（今浙江省宁波余姚市）人。明代著名的思想家、哲学家、书法家兼军事家、教育家。

◎ **译文：**

徐爱由于未理解先生“知行合一”的主张，与宗贤和惟贤再三讨论，依然没有弄懂。于是请教于先生。

先生说：“不妨举个例子来说明。”

徐爱说：“现在，世人都明知对父母应该孝顺，对兄长应该尊敬，但往往不能孝，不能敬，可见知与行分明是两码事。”

先生说：“这是被私欲迷惑了，再不是知与行的原意了。没有知而不行的事。知而不行，就是没有真正明白。圣贤教与知和行，正是要恢复原本的知与行，并非随便地告诉怎样去知与行便了事。所以，《大学》用‘如好好色，如恶恶臭’来启示人们什么是真正的知与行。见好色是知，喜好色是行。在见到好色时就马上喜好它了，不是在见了好色之后才起一个心去喜好。闻到恶臭是知，讨厌恶臭是行。闻到恶臭时就开始讨厌了，不是在闻到恶臭之后才起一个心去讨厌。一个人如果鼻塞，就是发现恶臭在跟前，鼻子没有闻到，就不会特别讨厌了，这就是因他未曾知臭。又如，我们讲某人知孝晓悌，绝对是他已经做到了孝悌，才能称他知孝晓悌。不是他只知说些孝悌之类的话，就可以称他为知孝晓悌了。再如知痛，一定是他自己痛了，才知痛；知寒，一定是自己觉得寒冷；知饥，一定是自己肚子饥饿了。知与行怎能分开？这就是知与行的原意，不曾被人的私欲割裂。圣贤教人，一定是这样才可以称作知。不然，就只是未曾知晓。这是多么紧切实际的工夫啊！今天，世人非要把知行说成是两回事，是什么意思呢？我要把知行说成是一回事，是什么意思呢？倘若不懂得我立言的主旨，只顾说一回事两回事，又管什么用呢？”

心灵感悟

明武宗正德三年（1508）王阳明在贵阳文明书院讲学，首次提出知行合一说。“知行合一”正是阳明先生心学的哲学命题之一。此段中，先生为解学生之惑，举出两例来说明必须知行合一。王守仁的知行合一说主要针对朱学而发，与朱熹的思想对立。他反对程朱理学的知先行后说以及由此而造成的重知轻行、“徒悬空口耳讲说”的学风。程朱理学包括陆九渊都主张“知先行后”，将知行分为两截，认为必先了解知然后才能实践行。王守仁提倡知行合一正是为了救朱学之偏。

经典诵读

四、《传习录》卷上·徐爱录（节选二）

王阳明

爱曰：“古人说知行做两个，亦是要人见分晓。一行做知的功夫，一行做行的功夫，即功夫始有下落。”

先生曰：“此却失了古人宗旨也。某尝说知是行的主意，行是知的功夫。知是行之始，行是知之成。若会得时，只说一个知，已自有行在；只说一个行，已自有知在。古人所以既说一个知，又说一个行者，只为世间有一种人，懵懵懂懂的任意去做，全不解思惟省察，也只是个冥行妄作，所以必说个知，方才行得是。又有一种人，茫茫荡荡悬空去思索，全不肯着实躬行，也只是个揣摸影响，所以说一个行，方才知得真。此是古人不得已补偏救弊的说话。若见得这个意时，即一言而足。今人却就将知行分作两件去做，以为必先知了，然后能行。我如今且去讲习讨论做知的工夫，待知得真了，方去做行的工夫。故遂终身不行，亦遂终身不知。此不是小病痛，其来已非一日矣。某今说个知行合一，正是对病的药，又不是某凿空杜撰。知行本体原是如此。今若知得宗旨时，即说两个亦不妨，亦只是一个。若不会宗旨，便说一个，亦济得甚事？只是闲说话。”

（选自王阳明著，费勇译：《传习录》，三秦出版社2018年版）

诵读指导

◎ **译文：**

徐爱说："古人把知行分开来讲，亦是让人有所区分，一方面做知的功夫，另一方面做行的功夫，如此功夫方有着落。"

先生说："这样做就抛弃了古人的意旨了。我以前说知是行的主意，行是知的功夫，知是行的初始，行是知的结果。如果深谙知行之理，若说知，行已自在其中了；若说行，知也自在其中了。古人之所以知行并提，只因世上有一种人，只顾稀里糊涂地随意去干，根本不思考琢磨，完全肆意妄为，因此必须说一个知，他才能行得端正。还有一种人，海阔天空漫无边际地思考，根本不愿切实力行，只是无端空想，所以说一个行，他方能知得真切。这正是古人为了救弊补偏，不得已而使之的对策。假若明了这一点，说其中一个就足够了。现今的人非要把知行分为两件事去做，认为是先知然后行。因此，我就先去讲习讨论，做知的功夫，等知得真切，再去做行的功夫。所以，终生不得行者，必定终生不得知。这不是简单的事情，此种错误认识为时很久了。现在我说的知行合一，正是要对症下药，并非我凭空捏造。知行本体原本如此。现在如果知晓我立论的主旨，即使把知行分开说也无关紧要，其实仍是一体。如果不晓我立论的主旨，即使说知行合一，又有何作用？那只是聊聊天而已。"

心灵感悟

在这段对话里，王阳明将"知"与"行"表述为在空间上共居、在时间上并存的矛盾统一体中不可须臾分离的两个方面，将"知行"关系从本体与功夫相统一的角度作了解读。本体既是功夫的前提，又是目的，本体"范导"着功夫，使功夫显得有价值和意义，本体则在功夫的作用下实现其由可能向现实的转化。这使他的"知行合一"学说真正实现了对前人的超越。

经典诵读

五、《传习录》卷中·答顾东桥书之三

王阳明

来书云："所喻知、行并进，不宜分别前后，即《中庸》尊德性而道问学之功，交养互发，内外本末，一以贯之之道。然工夫次第，不能无先后之差。如知食乃食，知汤乃饮，知衣乃服，知路乃行。未有不见是物，先有是事。此亦毫厘倏忽之间，非谓截然有等，今日知之，而明日乃行也。"

既云"交养互发，内外本末一以贯之"，则知行并进之说，无复可疑矣。又云"工夫次第能不无先后之差"，无乃自相矛盾已乎？知食乃食等说，此尤明白易见。但吾子为近闻[①]障蔽，自不察耳。夫人必有欲食之心，然后知食，欲食之心即是意，即是行之始矣。食味之美恶，必待入口而后知，岂有不待入口而已先知食味之美恶者邪？必有欲行之心，然后知路，欲行之心即是意、即是行之始矣。路岐之险夷，必待身亲履历而后知，岂有不待身亲履历而已先知路岐之险夷者邪？知汤乃饮，知衣乃服，以此例之，皆无可疑。若如吾子之喻，是乃所谓不见是物，而先有是事者矣。吾子又谓"此亦毫厘倏忽之间，非谓截然有等，今日知之，而明日乃行也。"是亦察之尚有未精。然就如吾子之说，则知行之为合一并进，亦自断无可疑矣。

（选自王阳明著，费勇译：《传习录》，三秦出版社2018年版）

诵读指导

◎ **注释：**

① 近闻：指朱熹的知先行后的观点。

◎ **译文：**

你信中说："你所说的知行应该并举，不应该分为前后两步，就是《中庸》中说的'尊德行而道问学'的功夫，二者互相存养，互相激发，本心和外物本来就是一个整体，不可分割。然而修行的功夫有个先后顺序，不可能没有先后的区别。就像知道是食物才会吃，知道是汤羹才会喝，知道是衣服才会穿，知道是路才会走在上面。从来没有还没见到事物就有了对于此事物的了解的。这中间的先后顺序也是非常微妙的，不会截然分明，不是说今天知道了事物，明天才去实践那样。"

既然说“交养互发，内外本末一以贯之”，那么知行并举的说法就没有什么可以怀疑的了。又说“功夫次第，不能无先后之差”，这难道不是自相矛盾吗？“知食乃食”等说法，尤其显而易见。但是你被朱熹先生说的知先行后的观点所蒙蔽，而自己不曾察觉。人必然有想吃东西的心，然后才会去认识食物，想吃的心就是意念，也就是行动的开始。食物口味的好坏，一定要等到入口之后才知道，哪有不尝一尝就已经预先知道食物味道的好坏呢？一定先有想走的心，然后才会去认识路，想走的心就是意念，也就是行走的开始。路途坦荡或是险峻，必须亲身行走过之后才能知道，哪里有还没有走过就预先知道路途是坦荡或是险峻的呢？“知汤乃饮，知衣乃服”，以此类推，就没有什么有疑虑的。如果如你说的那样，才正是“不见是物而先有事”。你又说“此亦毫厘倏忽之间，非谓截然有等，今日知之而明日乃行也”，这也是你体察得还不够精确。然而即使如你所说的，知行合而为一，齐头并进的观点也肯定没有什么好怀疑的。

心灵感悟

良知良能，愚夫愚妇与圣人同。但唯圣人能致其良知，而愚夫愚妇不能致，此圣愚之所由分也。圣人并非有三头六臂或智商超过普通人太多。一般的知识和技能，通过学习，常人也可以掌握。但是大多数人缺乏志向、缺乏坚持、缺乏行动，最终往往半途而废，说的和做的、知的和行的不一致，因此一生碌碌无为，虚度光阴。我们在平时的工作和学习中又何尝不是如此？参加各种培训、学习，接触各类人、事，我们往往很快就以为自己已经掌握知识、技能、经验、判断，却在后续的应用中忘得一干二净，“夜里千军万马、白天一动不动”，激情只在一瞬间、理想只在教室里、能量只在语言中，什么都是“三分钟热度”，最终人人都是空谈家、理论家，“言论的巨人行动的矮子”！良知良能不难，难的是致良知，信乎先生斯言！

经典诵读

六、《传习录》卷中·答顾东桥书之四

王阳明

来书云：“真知即所以为行，不行不足谓之知，此为学者吃紧立教，俾务躬行则可。若真谓行即是知，恐其专求本心，遂遗物理，必有暗而不达之处，抑岂圣门知

行并进之成法哉？”

知之真切笃实处既是行，行之明觉精察处即是知。知行工夫，本不可离。只为后世学者分作两截用功，先却知行本体，故有合一并进之说。真知即所以为行，不行不足谓之知。即如来书所云“知食乃食”等说可见，前已略言之矣。此虽吃紧救弊而发，然知行之体本来如是。非以己意抑扬其间，姑为是说，以苟一时之效者也。

“专求本心，遂遗物理”，此盖失其本心者也。夫物理不外于吾心，外吾心而求物理，无物理矣。遗物理而求吾心，吾心又何物邪？心之体，性也，性既理也。故有孝亲之心，即有孝之理，无孝亲之心，即无孝之理矣。有忠君之心，即有忠之理，无忠君之心，即无忠之理矣。理岂外于吾心邪？晦庵谓“人之所以为学者，心与理而已”。心虽主乎一身，而实管乎天下之理。理虽散在万事，而实不外乎一人之心。是其一分一合之间，而未免已启学者心、理为二之弊。此后世所以有“专求本心，遂遗物理”之患，正由不知心即理耳。夫外心以求物理，是以有暗而不达之处。此告子义外之说[①]，孟子所以谓之不知义也。心一而已，以其全体恻怛而言谓之仁，以其得宜而言谓之义，以其条理而言谓之理。不可外心以求仁，不可外心以求义，独可外心以求理乎？外心以求理，此知行之所以二也。求理于吾心，此圣门知行合一之教，吾子又何疑乎！

（选自王阳明著，费勇译：《传习录》，三秦出版社 2018 年版）

诵读指导

◎ 注释：

①告子义外之说：语出《孟子·告子上》：“告子曰：‘仁，内也，非外也；义，外也，非内也。’”孟子的评论见《孟子·公孙丑上》：“我故曰：‘告子未尝知义，以其外之也。’”孟子反对“义，外也”的说法，认为仁义都是人心原有的。

◎ 译文：

你来信说：“真正的认识是能够实践的，不能实践就不能被称为真正的认识。这是为学者提出的重要立论，必须踏实躬行才可以。如果真的以为实践就是认识，恐怕人们只专心存养本心，而忘了事物的道理，这样一定会有不明白不理解的地方，这难道是圣学中所说的知行并举的既成方法吗？”

认识真切地付诸行动就是实践，实践之后明白精确地体察就是认识。认识和实践两者的功夫本不可以分割，只因为后世学者把它们分作两部分来用功，才失去了知行的本体，所以才有知行合一并举的说法。真正的认识是能够付诸实践的，不能实践就不能叫作认识，就从你信中所说的“知食乃食”等说法可以明白，前边已大致说过了。这虽然是为了紧急纠正时弊而说的，然而知行的本体就是这样，不是我为了用自己的意思来进行褒贬，以追求一时的效果而提出的。

专门存养本心，而忘了推究事物的道理，这本身就是失去了本心。事物的道理不存在于本心之外，在心外推究事物的道理，也就没有事物的道理了。舍弃事物的道理而探求本心，那么本心又是什么呢？心的本体就是人性，人性就是天理。所以有孝顺父母的心就有孝顺父母的道理，没有孝顺父母的心就没有孝顺父母的道理；有忠君的心就有忠君的道理，没有忠君的心就没有忠君的道理。天理难道存在于本心之外吗？朱熹先生认为：“人之所以要学习，是因为有心和理的存在，心虽然主宰一身，而实际上统管着天下万物的道理，天理虽然散落在万事万物中，但实际上存在于人心之中。”他这样把心和理先分开再结合起来，就不免产生了使学者把心与理分开来看的弊端。后世之所以有“专求本心，遂遗物理”的错误，正是因为不知道心就是天理。在心外推究事物的道理，就会有不明白和不理解的地方，这实际上就是告子的“义外”观点，孟子也因此批评告子不懂得什么是义。心是一个整体，以它对所有人的恻隐之心来说就是仁，以它合乎时宜来说就是义，以它条理清晰来说就是理。不可以在心外探求仁、义，难道唯独可以在心外探求理吗？在心外求理，这就是把知行看作是两件事。在心里寻求理，这正是圣学知行合一的教诲，你还有什么怀疑的呢？

心灵感悟

在《传习录》中卷中，我们可以通过先生与弟子陆澄、顾东桥的对话领略“知行合一”思想：如“职责行之始，行者知之成”，“知之真切笃实处即是行，行至明觉精察处即是知。知行功夫，本不可离”，“求理于吾心，此圣门知行合一之教，吾子又何疑乎？”“知行合一”，即是理论与实践相结合，言谈与实际行动相结合。

经典诵读

七、三字经（节选）

礼乐射，御书数。古六艺，今不具。
惟书学，人共遵。既识字，讲说文。

有古文，大小篆。隶草继，不可乱。
若广学，惧其繁。但略说，能知原。
凡训蒙，须讲究。详训诂，明句读。
为学者，必有初。小学终，至四书。
论语者，二十篇。群弟子，记善言。
孟子者，七篇止。讲道德，说仁义。
作中庸，乃孔伋。中不偏，庸不易。
作大学，乃曾子。自修齐，至平治。
四书熟，孝经通。如六经，始可读。
诗书易，礼春秋。号六经，当讲求。
有连山，有归藏。有周易，三易详。
有典谟，有训诰。有誓命，书之奥。
我周公，作周礼。著六官，存治体。
大小戴，注礼记。述圣言，礼乐备。
曰国风，有雅颂。号四诗，当讽咏。
诗既亡，春秋作。寓褒贬，别善恶。

（选自诸华、邓启铜注释：《三字经》，东南大学出版社 2016 年版）

诵读指导

◎ 作者简介：

《三字经》作者与成书年代尚难确定，有种说法认为其作者为宋代王应麟。

王应麟（1223—1296），南宋官员、学者。字伯厚，号深宁居士，又号厚斋。庆元府鄞县（今浙江省宁波市鄞州区）人。

宋理宗淳祐元年（1241）进士，宝祐四年（1256）复中博学宏词科。历官太常寺主簿、通判台州，召为秘书监、权中书舍人，知徽州、礼部尚书兼给事中等职。其为人正直敢言，屡次冒犯权臣丁大全、贾似道而遭罢斥，后辞官回乡，专意著述二十年。

王应麟与胡三省、黄震并称“宋元之际浙东学派三大家”。其为学宗朱熹，涉猎经史百家、天文地理，熟悉掌故制度，长于考证。一生著述颇富，计有二十余种、六百多卷。所撰《玉海》二百卷，囊括当时科举考试所需的各类知识；考据性笔记《困学纪闻》以考证为特色，居“宋代三大笔记”之首。

◎ 译文：

礼法、音乐、射箭、驾车、书法和算数是古代读书人必须学习的六种技艺，这六种技艺到现已经没有人能同时具备了。

在六艺中，只有“书”在现今社会还是被每个人推崇的。当一个人认识字以后，就可以去研究《说文解字》，这样对于研究高深的学问是有帮助的。

中国的文字发展经历了古文、大篆、小篆、隶书、草书几个阶段，这一定要认清楚，不可搞混乱了。

假如想广泛地学习相关知识，实在是不容易的事，也无从下手。但在此简略地讲解，可以（使读者）了解到许多基本的道理。

凡是教导刚入学的儿童的老师，必须把每个字都讲清楚，每句话都要解释明白，并且使学童读书时懂得断句。

作为一个学者，求学的初期打好基础，把小学知识学透了，才可以读“四书”。

《论语》这本书共有二十篇，是孔子的弟子们以及弟子的弟子们记载有关孔子言论的一部书。

《孟子》这本书是孟轲所作，共分七篇。内容也是有关品行修养、发扬道德仁义等优良德行的言论。

作《中庸》这本书的是孔伋，“中”是不偏的意思，“庸”是不变的意思。

作《大学》这本书的是曾参，他提出了“修身齐家治国平天下”的主张。

把“四书”读熟了，《孝经》的道理弄明白了，才可以去读“六经”这样深奥的书。

《诗》《书》《易》《礼》《春秋》，再加上《乐》称六经，这是中国古代儒家的重要经典，应当仔细阅读。

《连山》《归藏》《周易》，是我国古代的三部书，这三部书合称“三易”，“三易”是用“卦”的形式来说明宇宙间万事万物循环变化的道理的书籍。

《书经》的内容分六个部分：一典，是立国的基本原则；二谟，即治国计划；三训，即大臣的态度；四诰，即国君的通告；五誓，是起兵文告；六命，是国君的命令。

周公作《周礼》，其中记载着当时六官的官制以及国家的组成情况。

戴德和戴圣整理并且注释《礼记》，传述和阐扬了圣贤的著作，这使后代人知道了前代的典章制度和有关礼乐的情形。

《国风》《大雅》《小雅》《颂》，合称为四诗，它们是内容丰富、感情深切的诗歌，值得去朗诵。

由于周朝的衰落，诗经也就跟着被冷落了，所以孔子就作《春秋》，在这本书中隐含着对现实政治的褒贬以及对各国善恶行为的判断。

心灵感悟

《三字经》是学习中华传统文化最基本的读物，共一千多字，可谓家喻户晓、脍炙人口。三字一句的韵文极易成诵，内容包括了中国传统的教育、历史、天文、地理、伦理和道德以及一些民间传说，广泛生动。用典多，知识性强，是一部在儒家思想指导下编成的读物，充满了积极向上的精神。学习《三字经》，我们能够了解中国传统文化的博大精深、源远流长，可以陶冶情操，提高修养，弘扬正气，继承中华民族的传统美德！

经典诵读

八、朱子家训

朱柏庐

黎明即起，洒扫庭除，要内外整洁，既昏便息，关锁门户，必亲自检点。一粥一饭，当思来之不易；半丝半缕，恒念物力维艰。宜未雨而绸缪[①]，毋临渴而掘井。自奉必须俭约，宴客切勿流连。器具质而洁，瓦缶[②]胜金玉；饮食约而精，园蔬逾珍馐[③]。勿营华屋，勿谋良田。三姑六婆，实淫盗之媒；婢美妾娇，非闺房之福。奴仆勿用俊美，妻妾切忌艳妆。祖宗虽远，祭祀不可不诚；子孙虽愚，经书不可不读。居身务期质朴，教子要有义方。勿贪意外之财，勿饮过量之酒。与肩挑贸易，毋占便宜；见穷苦亲邻，须加温恤。刻薄成家，理无久享；伦常乖舛[④]，立见消亡。兄弟叔侄，须分多润寡；长幼内外，宜法肃辞严。听妇言，乖骨肉，岂是丈夫；重资财，薄父母，不成人子。嫁女择佳婿，毋索重聘；娶媳求淑女，勿计厚奁[⑤]。见富贵而生谄容者，最可耻；遇贫穷而作骄态者，贱莫甚。居家诫争讼，讼则终凶；处世诫多言，言多必失。勿恃势力而凌逼孤寡；毋贪口腹而恣杀牲禽。乖僻自是，悔误必多；颓惰自甘，家道难成。狎昵[⑥]恶少，久必受其累；屈志老成，急则可相依。轻听发言，安知非人之谮诉[⑦]，当忍耐三思；因事相争，焉知非我之不是，须平心暗想。施惠无念，受恩莫忘。

凡事当留余地，得意不宜再往。人有喜庆，不可生妒忌心；人有祸患，不可生喜幸心。善欲人见，不是真善；恶恐人知，便是大恶。见色而起淫心，报在妻女；匿怨而用暗箭，祸延子孙。家门和顺，虽饔飧[⑧]不济，亦有余欢；国课早完，即囊橐[⑨]

无余，自得至乐。读书志在圣贤，非徒科第；为官心存君国，岂计身家。守分安命，顺时听天。为人若此，庶乎近焉。

（选自颜之推、朱用纯著，程燕青译：《颜氏家训·朱子家训》，长江文艺出版社 2019 年版）

诵读指导

◎ 作者简介：

朱柏庐（1627—1698），原名朱用纯，字致一，自号柏庐，江苏昆山人（今昆山市），著名理学家、教育家。其父朱集璜是明末的学者，清顺治二年（1645）守城抵御清军，城破，投河自尽。朱柏庐自幼致力于读书，曾考取秀才，志于仕途。清入关明亡后，遂不再求取功名，居乡教授学生并潜心程朱理学，主张知行并进，躬行实践。一时颇负盛名。康熙曾多次征召，然均为他所拒绝。他深感当时的教育方法使学生难以学到真实的学问，故写了《辍讲语》，反躬自责，语颇痛切。曾用精楷手写数十本教材用于教学。生平精神宁谧，严以律己，对当时愿和他交往的官吏、豪绅，以礼自持。著有《治家格言》《愧讷集》《大学中庸讲义》。

◎ 注释：

① 未雨而绸（chóu）缪（móu）：天还未下雨，应先修补好屋舍门窗，喻凡事要预先做好准备。② 瓦缶（fǒu）：瓦制的器具。③ 珍馐（xiū）：珍奇精美的食品。④ 乖舛（chuǎn）：违背。⑤ 厚奁（lián）：丰厚的嫁妆。⑥ 狎（xiá）昵（nì）：过分亲近。⑦ 谮（zèn）诉：诬蔑人的坏话。⑧ 饔（yōng）飧（sūn）：饔，早饭；飧，晚饭。⑨ 囊（náng）橐（tuó）：口袋。

◎ 译文：

每天早晨黎明就要起床，先用水洒湿户庭内外的地面然后扫地，使户庭内外整洁；到了黄昏便要休息并亲自查看一下要关锁的门户。对于一顿粥或一顿饭，我们应当想着来之不易；对于衣服的半根丝或半条线，我们也要常念着这些物资的产生是很艰难的。凡事先要准备，像没到下雨的时候，就要先把房子修补完善，不要“临时抱佛脚”，不要到了口渴的时候才来掘井。自己生活上必须节约，聚会在一起吃饭切勿流连忘返。餐具质朴而干净，虽是用泥土做的瓦器，也比金玉制的好；食品节约而精美，虽是园里种的蔬菜，也胜于山珍海味。不要营造华丽的房屋，不要买良好的田地。

社会上不正派的女人，都是乱淫和盗窃的媒介；美丽的婢女和娇艳的姬妾，不是家庭的幸福。家僮、奴仆，不可雇用英俊美貌的，妻、妾切不可有艳丽的妆饰。祖宗虽然离我们年代久远了，祭祀却要虔诚；子孙虽然愚笨，五经四书却要诵读。

自己生活节俭，以做人的正道来教育子孙。不要贪不属于你的财，不要喝过量的酒。

和做小生意的挑贩们交易，不要占他们的便宜，看到穷苦的亲戚或邻居，要关心他们，并且要对他们有金钱或其他的援助。对人刻薄而发家的，绝没有长久享受的道理。行事违背伦常的人，很快就会被消灭。兄弟叔侄之间要互相帮助，富有的要资助贫穷的；一个家庭要有严正的规矩，长辈对晚辈应言辞庄重。听信妇人挑拨，而伤了骨肉之情，那里配做一个大丈夫呢？看重钱财而薄待父母，不是为人子女的道理。嫁女儿，要为她选择贤良的夫婿，不要索取贵重的聘礼；娶媳妇，须求贤淑的女子，不要贪图丰厚的嫁妆。

看到富贵的人，便做出巴结讨好的样子，是最可耻的，遇着贫穷的人，便显出骄傲的态度，是最鄙贱不过的。居家过日子，禁止争斗诉讼，一旦争斗诉讼，无论胜败，结果都不吉祥。处世不可多说话，言多必失。不可用势力来欺凌压迫孤儿寡妇，不要贪口腹之欲而任意地宰杀牛羊鸡鸭等动物。性格古怪、自以为是的人，必会因常常做错事而懊悔；颓废懒惰、沉溺不悟，是难成家立业的。亲近不良的少年，日子久了，必然会受牵累；恭敬自谦，虚心地与那些阅历多而善于处事的人交往，遇到急难的时候，就可以受到这种人的指导或帮助。他人来说长道短，不可轻信，要再三思考。因为怎知道他不是来说人坏话呢？因事相争，要冷静反省自己，怎知道这不是我的过错呢？

对人施了恩惠，不要记在心里，受了他人的恩惠，一定要常记在心。无论做什么事，当留有余地；得意以后，就要知足，不应该再进一步。他人有了喜庆的事情，不可有妒忌之心；他人有了祸患，不可有幸灾乐祸之心。做了好事想他人看见，就不是真正的善人；做了坏事而怕他人知道，就是真的恶人。看到美貌的女性而起邪心，将来会报应在自己的妻子儿女身上；怀怨在心而暗中伤害人，将会替自己的子孙留下祸根。家里和气平安，虽缺衣少食，也觉得快乐；尽快缴完赋税，即使口袋所剩无余也自得其乐。读圣贤书，目的在学圣贤的行为，不只为了科举及第；做一个官吏，要有忠君爱国的思想，怎么可以只考虑自己和家人的享受？我们守住本分，努力工作生活，上天自有安排。做人能如此，也就差不多了。

心灵感悟

《朱子家训》是培育子女完善人格、提升自身修养、接受传统文化的好书。在这篇家训中，你可以品味到“事师长贵乎礼也，交朋友贵乎信也”的礼节与信义，“宜未雨而绸缪，毋临渴而掘井”的睿智，“凡事当留余地，得意不宜再往”的宽阔心胸。

经典诵读

九、为学与做人（节选）

梁启超

……

人类心理，有知、情、意三部分。这三部分圆满发达的状态，我们先哲名为三达德——智、仁、勇。为什么叫做“达德”呢？因为这三件事是人类普通道德的标准，总要三个具备，才能成一个人。三件的完成状态怎么样呢？孔子说：“知者不惑，仁者不忧，勇者不惧。”

……

怎么样才能不惑呢？最要紧的是养成我们的判断力。想要养成判断力，第一步，最少须有相当的常识；进一步，对于自己要做的事须有专门智识；再进一步，还要有遇事能断的智慧……以上所说常识学识和总体的智慧，都是知育的要件，目的是教人做到“知者不惑”。

怎么样才能不忧呢？

……

“仁”到底是什么？很难用言语说明，勉强下个解释，可以说是：“普遍人格之实现。”孔子说：“仁者人也。”意思是说人格完成就叫做“仁”。但我们要知道，人格不是单独一个人可以表现的，要从人和人的关系上来看。所以仁字从“二人”，郑康成解他做“相人偶”。总而言之，要彼此交感互发，成为一体，然后我的人格才能实现。

……

怎么样才能不惧呢？

有了不惑不忧功夫，惧当然会减少许多了，但这是属于意志方面的事。一个人若是意志力薄弱，便有很丰富的智识，临时也会用不着，便有优美的情操，临时也会变了卦。然则意志怎么才会坚强呢？头一件须要心地光明，孟子说：“浩然之气，至大至刚。”“行有不慊于心，则馁矣。”又说：“自反而不缩，虽褐宽博，吾不惴焉；自反而缩，虽千万人，吾往矣。”俗话说得好：“生平不做亏心事，夜半敲门心不惊。”一个人要保持勇气，须要从一切行为可以公开做起，这是第一着。第二件要不为劣等欲望之所牵制。

……

诸君啊！你现在怀疑吗？沉闷吗？悲哀痛苦吗？觉得外边的压迫你不能抵抗吗？我告诉你：你怀疑和沉闷，便是你因不知才会惑；你悲哀痛苦，便是你因不仁才会忧；你觉得你不能抵抗外界的压迫，便是你因不勇才有惧。这都是你的知、情、意未经过修养磨炼，所以还未成个人。我盼望你有痛切的自觉啊！有了自觉，自然会成功。那么，学校之外，当然有许多学问，读一卷经，翻一部史，到处都可以发现诸君的良师呀！

诸君啊！醒醒罢！养足你的根本智慧，体验出你的人格人生观，保护好你的自由意志。你成人不成人，就看这几年哩！

（选自梁启超著：《为学与做人》，古吴轩出版社 2016 年版）

诵读指导

◎ **作者简介：**

梁启超（1873—1929），字卓如，号任公，又号饮冰室主人、饮冰子、哀时客、中国之新民、自由斋主人等，清朝光绪年间广东新会人。近代中国启蒙思想家，资产阶级改良主义政治家、教育家、史学家和文学家，戊戌变法运动领袖之一。1890 年赴京会试，不中。后投康有为门下，接受康有为的思想学说并由此走上改良维新的道路，人称“康梁”。1895 年春，梁启超再次赴京会试，并协助康有为发动在京应试举人联名请愿，是为“公车上书”。1898 年，梁启超回京参加变法维新。其间，梁启超表现活跃，他的许多政论借助早期的媒体宣传开始在社会上产生影响。变法失败后，梁启超逃亡日本，大量接触并向国内介绍西方社会政治学说，在当时的知识分子中影响很大。梁启超涉猎广泛，在哲学、文学、史学、经学、法学、伦理学、宗教学等领域均有建树，一生著述宏富，其《饮冰室合集》凡 148 卷，计一千余万字。

心灵感悟

我们学会了做人还要学会学习。但是，“为学实难”，我们学习不能光学习不思考，想学什么就学什么，什么都学一点。学识广泛固然重要，但更重要的是充分地认识自己，了解自身的优点与缺点，了解自己适合做什么不适合做什么，全面综合分析自身的特点，然后再选择适合自己的方法，重点学习适合自己的东西。这样，我们才会学有所成。

经典诵读

十、聪明人不能做事，世界是属于傻子的

——1926 年 11 月 27 日在厦门集美学校的讲演

鲁迅

今天我有机会，到你们这美丽的学校，在这大礼堂里，跟你们谈谈，是非常高兴的。我的话题是“聪明人不能做事，世界是属于傻子的”。

你们初听这句话，或将觉得奇怪，但却是事实，过去这样，将来也必定是这样的。你们放眼看看，现今世上，聪明人不是很多吗？可是他们不能做事。为什么呢？因为他们想来想去，终于什么也做不成。他们过于思虑个人的利害，过于计较个人的得失。他们想着，想着，有利于自己者才肯做，有利于社会、别人者，即使肯做，也常不彻底，不真诚，不负责，以至于败事而无所成就。你们看看，当今的聪明人，是不是这样？他们是专门为自己打算盘的所谓“聪明人”，这种“聪明人”是绝对做不出有利于人民的事业的。

你们看看，当今所谓“聪明人”，如段祺瑞、贾德耀等北洋军阀，只知勾结帝国主义者，屠杀无辜的爱国工人和学生，他们是双手沾满血腥的刽子手；又如陈西滢、唐有壬等“现代评论派”，只会开驶“新文化运动”的倒车，镇压反帝爱国请愿的群众，他们是反动军阀的乏走狗。他们会用“聪明”作钢刀，见血去杀人；他们也会用“聪明”作软刀，杀人不见血。他们想来想去，终于不能做出有利于人民的好事，却能做出有害于国家的坏事。

在这世界上，还有一种人，他们甘愿为群众利益而放弃了自己的利益；他们甘愿为国家的独立自由而献出自己的生命。这一种人是爱国者，是革命者，是人类幸福的创造者。这一种人在所谓“聪明人”的眼里看来，却是傻子。但是，我们要知道，世界是傻子的世界，由傻子去支持，由傻子去推动，由傻子去创造，最后是属于傻子的。这些傻子，就是工农群众，就是孙中山先生“三大政策”中所要扶助的农民和工人。这些工人和农民，在人类社会中，居最大多数。他们有坚强的魄力，有勤劳的德性，世界的一切，都是从他们的劳动中创造出来的。革命青年学生，在群众中最有热血，最能奋斗，最肯牺牲。黑暗的消灭，光明的出现，这种革命青年学生，常起最大作用。但从过去封建社会统治者、剥削者的眼里看来，这些劳动的工农群众，这些热血的革命青年，都是愚民，都是傻子，惟有他们自己，才算是“聪明人”。

可是这些旧社会的所谓“聪明人”，是懒惰自私的，是荒淫无耻的，是注定要被消灭的；而那些所谓“傻子”的革命青年和劳动工农，乃正是社会的改造者，是世界的创造者，他们是世界的主人，世界是属于他们所有的。

（选自陈满意：《集美学村的先生们》，江苏人民出版社 2018 年版）

诵读指导

◎ **作者简介：**

鲁迅（1881—1936），浙江绍兴人，曾用名周樟寿，后改名周树人，曾字豫山，后改豫才，曾留学日本仙台医科专门学校，后弃医从文。“鲁迅”是他 1918 年发表《狂人日记》时所用的笔名，也是他影响最为广泛的笔名。鲁迅是著名文学家、思想家、民主战士，五四新文化运动的重要参与者，中国现代文学的奠基人。毛泽东曾评价：“鲁迅的方向，就是中华民族新文化的方向。”

鲁迅一生在文学创作、文学批评、思想研究、文学史研究、翻译、美术理论引进、基础科学介绍和古籍校勘与研究等多个领域具有重大贡献。他对于五四运动以后的中国社会思想文化发展具有重大影响，蜚声世界文坛，尤其在韩国、日本思想文化领域有极其重要的地位和影响，被誉为“二十世纪东亚文化地图上占最大领土的作家”。

心灵感悟

因为看上去的“傻子”遇事从不斤斤计较，任劳任怨，常受“聪明人”的欺负。虽然他们可能有时候吃点小亏，多干点活，少占点便宜。但最后反而容易博得人们好感。古人云：“只要功夫深，铁杵磨成针”，指的就是这种执着的傻气。那些貌似聪明，好高骛远的人，没有这种沉下来、执着追求的“傻气”，大多走向了见异思迁，半途而废的死路，而执着的“傻子”，却能最终成就自己。

经典诵读

十一、论礼貌（节选）

〔英〕弗朗西斯·培根

只有确实内在品格很高的人，才适合不拘小节。犹如没有衬景的宝石，必须自身珍贵才会蒙受爱重一样。

深入观察人生会看出，获得赞扬之道犹如善于赚钱之道，正像一句古话所说：

“积小利可以发大财”。同样，在小节上的一丝不苟常可赢得很高的称赞。因为小节更易为人注意，而施展大才的机会犹如节日，并不每天都有。因此，举止彬彬有礼的人，一定能赢得很好的名誉。这正如伊丽莎白女王所说，乃是“一封四方通用的自荐书”。

……

礼仪是微妙的东西，既是人类间交往的所不可或缺，却又是不可过于计较的。如果把礼仪看得比月亮还高，结果就会失去人与人真诚的信任。在语言交际中要善于找到一种分寸，使之既直爽又不失礼。这是最难得又是最好的。

要注意——在亲密的伙伴之间应注意保持矜持以免被狎犯。在地位较低的下属面前却不妨显得亲密会倍受敬重。事事都伸头的人是自轻自贱并惹人厌嫌的。好心助人时要让人感到这种帮助是出自对他的爱重，而并非你天生多情乐施。表示一种赞同的时候，不要忘记略示还有所保留——以表明这种赞同并非阿谀而经过思考。即使对很能干的人，也不可过于恭维，否则难免被他的嫉妒者看作是拍马屁。在面临大事之际，不要过于计较择取吉日良辰一类的琐碎问题。否则将所罗门曾说的：“看风者无法播种，看云者不得收获”。只有愚者才等待机会，而智者则创造机会。总而言之，礼貌举止正好比人的穿衣——既不可太宽也不可太紧。要讲究而有余地，宽裕而不失大体，如此才能做成事业。

（选自培根著，何新译：《培根人生论》，湖南文艺出版社 2012 年版）

诵读指导

◎ **作者简介：**

弗朗西斯·培根（1561—1626），第一代圣阿尔本子爵，英国文艺复兴时期散文家、哲学家。英国唯物主义哲学家，实验科学的创始人，是近代归纳法的创始人，又是将科学研究程序进行逻辑组织化的先驱。主要著作有《新工具》《论科学的增进》以及《学术的伟大复兴》等。

心灵感悟

人无论是在社会上生活，还是在学校学习，总要和别人交往，学会礼貌待人，恰当地使用礼貌语言，能够使人与人之间的关系更和谐，社会更美好！

经典诵读

十二、浇铸一种新的人性

〔英〕戴维·赫伯特·劳伦斯

为了生存，我们需要同心协力，将人类所有的认知融会贯通为一个整体：我们必须努力将各种各样的知识糅合在一起；必须将各种各样的语言汇聚成一种巨大而清新的交响；必须将各种各样的人性投入熔炉以浇铸出一种新的人性。

请记住，我们的需要并非是任何私人的需要——并非是我们之中任何一个个人的需要。我们需要的不是荣誉，不是自我的满足，我们需要的是一种万众一心的巨大驱动力。有了它，我们就能造就一个伟大的人类，就能造就一个包含着个人自由在内的自由的民族。一个人无法造就一个崭新的民族，这要靠我们大家。为了达到这一目标，我们理应携手并肩，和衷共济。想到有这样一个美好的目标，我是多么快乐。到了那时，将有更多的人会用自己的双手去挣脱桎梏，直至砸碎所有的锁链。

在一项伟大的事业中，我们每一个人都是自己的天使。然而，当我们没有团结在一起，以为仅凭自己孤家寡人就可以闯出一番伟大的事业时，我们就不再是天使，而是野兽了。

（选自刘青文主编：《哲理小品》，北京教育出版社 2013 年版）

诵读指导

◎ **作者简介：**

戴维·赫伯特·劳伦斯，20 世纪英国小说家、批评家、诗人、画家。他一生创作了 10 部长篇小说、11 部短篇小说集、4 部戏剧、10 部诗集、4 部散文集、5 部理论论著、3 部游记和大量的书信。

心灵感悟

在平凡的生活中，我们每一个人都是自己的主宰，然而，当我们置身于世外，以为仅凭自己就可以完成一番伟大的事业时，我们就不再是主宰，只是一个为生活而活着的人。我想，人生的意义就在于告知自己：不仅要为自己的利益而努力、更需为他人、为社会的利益而与他人携手奋斗！耳边又响起了那首歌：只要人人都“奉献”一点爱，世界将变成美好的人间！

经典诵读

十三、羊皮卷之三：坚持不懈，直到成功

〔美〕奥格·曼狄诺

坚持不懈，直到成功。

在古老的东方，挑选小公牛进入竞技场格斗有一定的程序。它们被带进场地，向手持长矛的斗牛士攻击，裁判以它受激后再向斗牛士进攻次数的多寡来评定这只公牛的勇敢程度。从今往后。我须承认，我的生命每天都在接受类似的考验。如果我坚韧不拔，勇往直前，迎接挑战，那么我一定会成功。

坚持不懈，直到成功。

我不是为了失败才来到这个世界上的，我的血管里也没有失败的血液在流动。我不是任人鞭打的羔羊，我是猛狮，不与羊群为伍。我不想听失意者的哭泣，抱怨者的牢骚，这是羊群中的瘟疫，我不能被它传染。失败者的屠宰场不是我命运的归宿。

坚持不懈，直到成功。

生命的奖赏远在旅途终点，而非起点附近。我不知道要走多少步才能达到目标。踏上第一千步的时候，仍然可能遭到失败。但成功就藏在拐角后面，除非拐了弯，我永远不知道还有多远。

再前进一步，如果没有用，就再向前一步。事实上，每次进步一点点并不太难。

坚持不懈，直到成功。

从今往后，我承认每天的奋斗就像对参天大树的一次砍击，头几刀可能了无痕迹。每一击似乎微不足道，然而，累积起来，巨树终会倒下。这恰如我今天的努力，就像冲洗高山的雨滴，吞噬猛虎的蚂蚁，照亮大地的星辰，建起金字塔的奴隶。我

也要一砖一瓦地建造起自己的城堡，因为我深知水滴石穿的道理，只要持之以恒，什么都可以做到。

坚持不懈，直到成功。

我绝不考虑失败，我的字典里不再有放弃、不可能、办不到、没法子、成问题、失败、行不通、没希望、退缩……这类愚蠢的字眼。我要尽量避免绝望，一旦受到它的威胁，立即想方设法向它挑战。我要辛勤耕耘，忍受苦楚。我放眼未来，勇往直前，不再理会脚下的障碍。我坚信，沙漠尽头必是绿洲。

坚持不懈，直到成功。

我要牢牢记住古老的平衡法则，鼓励自己坚持下去，因为每一次的失败都会增加下一次成功的机会。这一次的拒绝就是下一次的赞同，这一次皱起的眉头就是下一次舒展的笑容。今天的不幸，往往预示着明天的好运。夜幕降临，回想一天的遭遇，我总是心存感激。我深知，只有失败多次，才能成功。

坚持不懈，直到成功。

我要尝试，尝试，再尝试。障碍是我成功路上的弯路，我迎接这项挑战。我要像水手一样，乘风破浪。

坚持不懈，直到成功。

从今往后，我要借鉴别人成功的秘诀。过去的是非成败，我全不计较，只抱定信念，明天会更好。当我筋疲力尽时，我要抵制回家的诱惑，再试一次。我一试再试，争取每一天的成功，避免以失败收场。我要为明天的成功播种，超过那些按部就班的人。在别人停滞不前时，我继续拼搏，终有一天我会丰收。

坚持不懈，直到成功。

我不因昨日的成功而满足，因为这是失败的先兆。我要忘却昨日的一切，是好是坏，都让它随风而去。我信心百倍，迎接新的太阳，相信“今天是此生最好的一天”。

只要我一息尚存，就要坚持到底，因为我已深知成功的秘诀：

坚持不懈，终会成功。

（选自曼狄诺著，安辽译：《世界上最伟大的推销员》，世界知识出版社 2002 年版）

诵读指导

◎ **作者简介：**

奥格·曼狄诺（1924—1996），出生于美国东部，是当今世界上最能激发起读者阅读热情和自学精神的作家之一，是世界上最具激励效应的畅销书作家之一，还是世界上最受追捧的演讲家之一。他的 18 部作品被译成 18 种语言，销量超过 3000 万册，其代表作品有《世界上最伟大的奇迹》等。

心灵感悟

奥格·曼狄诺当过卖报人、公司推销员、业务经理……在这条他所选择的道路上，充满了机遇，也满含着辛酸，但他已不可战胜——因为，他掌握了人生的准则，那就是坚持。当遇到困难，甚至失败时，他都用书中的语言激励自己：坚持不懈，直至成功！就这样，他紧紧扼住生命的咽喉，控制着自己的情绪，用微笑来迎接每一天升起的朝阳，最大限度地实现自己的价值。终于，在 35 岁生日那一天，他创办了自己的企业——《成功无止境》杂志社，从此步入了富足、健康、快乐的乐园。

经典诵读

十四、羊皮卷之六：今天我学会控制情绪

〔美〕奥格·曼狄诺

今天我要学会控制情绪。

潮起潮落，冬去春来，夏末秋至，日出日落，月圆月缺，燕来燕往，花开花落，草长瓜熟，自然界万物都在循环反复的变化中，我也不例外，情绪会时好时坏。

今天我要学会控制情绪。

这是大自然的玩笑，很少有人窥视天机。每天我醒来时，不再有旧日的心情。昨日的快乐变成今日的哀愁，今日的悲伤转为明日的喜悦。我心中像有一只轮子不停地转着，由乐而悲，由悲而喜，由喜而忧。这就好比花儿的变化，今天绽放的喜悦也会变成凋谢时的绝望。但是我要记住，正如今天枯败的花儿蕴藏着明天新生的种子，今天的悲伤也预示着明天的快乐。

今天我要学会控制情绪。

我怎样才能控制情绪，使每天卓有成效呢？ 除非我心平气和，否则迎来的又将是失败的一天。花草树木，随着气候的变化而生长，但是我为自己创造天气。我要学会用自己的心灵弥补气候的不足。如果我为顾客带来风雨、忧郁、黑暗和悲观，那么他们也会报之风雨、忧郁、黑暗和悲观，而他们什么也不会买。相反的，如果

我为顾客献上欢乐、喜悦、光明和笑声，他们也会报之以欢乐、喜悦、光明和笑声，我就能获得销售上的丰收，赚取成仓的金币。

今天我要学会控制情绪。

我怎样才能控制情绪，让每一天充满幸福和欢乐？我要学会这个千古秘诀：弱者任思绪控制行为，强者让行为控制思绪。每天醒来当我被悲伤、自怜、失败的情绪包围时，我就这样与之反抗。

沮丧时，我引吭高歌。

悲伤时，我开怀大笑。

病痛时，我加倍工作。

恐惧时，我勇往直前。

自卑时，我换上新装。

不安时，我提高嗓音。

穷困潦倒时，我想象未来的富有。

力不从心时，我回想过去的成功。

自轻自贱时，我想象自己的目标。

总之，今天我要学会控制自己的情绪。

从今往后，我明白了，只有低能者才会江郎才尽，我并非低能者，我必须不断对抗那些企图摧垮我的力量。失望与悲伤一眼就会被识破，而其他许多敌人却不易觉察。他们往往面带微笑，招手而来，却随时可能将我们摧毁。对他们，我永远不能放松警惕。

自高自大时，我要追寻失败的记忆。

纵情享受时，我要记得挨饿的日子。

洋洋得意时，我要想想竞争的对手。

沾沾自喜时，不要忘了那忍辱的时刻。

自以为是时，看看自己能否让风驻足。

腰缠万贯时，想象那些食不果腹的人。

骄傲自满时，要想到自己怯懦的时候。

不可一世时，让我抬头，仰望群星。

今天我要学会控制自己的情绪。

有了这项新本领，我也更能体谅别人的情绪变化。我宽容怒气冲冲的人，因为它尚未懂得控制自己的情绪，就可以忍受他的指责与辱骂，因为我知道明天他会改变，重新变得随和。

我不再只凭一面之交来判断一个人，也不再因一时的怨恨与人绝交，今天不肯花一分钱购买金蓬马车的人，明天会用全部家当换取树苗。知道了这个秘密，我可以获得极大的财富。

今天我要学会控制自己的情绪。

我从此领悟了人类情绪变化的奥秘。对于自己千变万化的个性，我不再听之任之，我知道，只有积极主动地控制情绪，才能掌握自己的命运。

我控制自己的命运，而我的命运就是成为世界上最伟大的推销员！

我成为自己的主人。

我由此而变得伟大。

（选自曼狄诺著，安辽译：《世界上最伟大的推销员》，世界知识出版社 2002 年版）

诵读指导

◎ **作者成就：**

奥格·曼狄诺撰写了《世界上最伟大的推销员》而蜚声全球，他被誉为在撰写自我帮助方面书籍的最流行最具有灵感的作家，各行各业的人们都盛赞奥格·曼狄诺改变了他们的生活，认为他的书充满智慧、灵感和爱心，能让人们从他的书中得到神奇的力量。他著有 14 种书籍译成 18 种语言，全球销量逾 3000 万册。他的著作有《世界上最伟大的奇迹》《世纪上最伟大的推销员》《世界上最伟大的成功》《羊皮卷》等。

心灵感悟

人的情绪就像天气一样，变化万千，时好时坏，应该怎么控制自己的情绪呢？我们应保持心平气和的心态去面对一切事物，不受外界事物的影响，做一个主宰情绪的主人！如若不然，就会被自己的情绪困扰，让自己陷入痛苦悲观的状态。脆弱的人会受情绪的影响，从而影响自己的行为，做出一些不可理喻的事情。坚强的人当心里受情绪影响时，会通过一些行为来调解自己的不良情绪，让自己从悲伤忧郁中走出来！

十五、羊皮卷之九：我现在就付诸行动

〔美〕奥格·曼狄诺

我的幻想毫无价值，我的计划渺如尘埃，我的目标不可能达到。一切的一切毫无意义——除非我们付诸行动。

我现在就付诸行动。

一张地图，不论多么详尽，比例多精确，它永远不能带着它的主人在地面上移动半步。一个国家的法律，不论多么公正，永远不可能防止罪恶的发生。任何宝典，即使是在我手中的羊皮卷，永远不可能创造财富。只有行动才能使地图、法律、宝典、梦想、计划、目标具有现实意义。行动，像食物和水一样，能滋润我，使我成功。

我现在就付诸行动。

拖延使我裹足不前，它来自恐惧。现在我从所有勇敢的心灵深处，体会到这一秘密。我知道，想克服恐惧，必须毫不犹豫，起而行动，唯其如此，心中的慌乱方得以平定。现在我知道，行动会使猛狮般的恐惧，减缓为蚂蚁般的平静。

我现在就付诸行动。

从此我要记住萤火虫的启迪：只有振翅的时候，才能发出光芒。我要成为一只萤火虫，即使在艳阳高照的白天，我也要发出光芒。让别人像蝴蝶一样，舞动翅膀，靠花朵的施舍生活，而我要做萤火虫，照亮大地。

我现在就付诸行动。

我不把今天的事情留给明天，因为我知道明天是永远不会来临的。现在就付诸行动吧！即使我的行为不会带来快乐与成功，但是动而失败总比坐以待毙好。行动也许不会结出快乐的果实，但没有行动，所有的果实都无法收获。

我现在就付诸行动。

立即行动。立即行动。立即行动。从今往后，我要一遍又一遍，每时每刻重复这句话，直到成为习惯，好比呼吸一般，成为本能，好比眨眼一样。有了这句话，我就能调整自己的情绪，迎接失败者避而远之的每一次挑战。

我现在就付诸行动。

我一遍又一遍地重复这句话。清晨醒来时，失败者流连于床榻，我却要默诵这句话，然后开始行动。

我现在就付诸行动。

外出推销时，失败者还在考虑是否会遭到拒绝的时候，我要默诵这句话，面对第一个来临的顾客。

我现在就付诸行动。

面对紧闭的大门，失败者怀着恐惧与惶惑的心情在门外等候；我默诵这句话，随即上前敲门。

我现在就付诸行动。

面对诱惑时，我默诵这句话，然后远离罪恶。

我现在就付诸行动。

只有行动才能决定我在商场上的价值。若要加倍我的价值，我必须加倍努力。我要前往失败者惧怕的地方，当失败者休息的时候，我要继续工作。失败者沉默的时候，我开口推销，我要拜访十户可能买我东西的人家，而失败者在一番周详的计划之后，却只拜访一家。在失败者认为太晚时，我能够大功告成。

我现在就付诸行动。

现在是我的所有。明日是为懒汉保留的工作日，我并不懒惰。明日是弃恶从善的日子，我并不邪恶。明日是弱者变强者的日子，我并不软弱。明日是失败者借口成功的日子，我并不是失败。

我现在就付诸行动。

我是雄狮，我是苍鹰，饥即食，渴即饮。除非行动，否则死路一条。

我渴望成功、快乐、心灵的平静。除非行动，否则我将在失败、不幸、夜不成眠的日子中死亡。

我发布命令。我要服从自己的命令。

成功不是等待。如果我迟疑，她会投入别人的怀抱，永远弃我而去。此时。此地。此人。

我现在就付诸行动。

（选自曼狄诺著，安辽译：《世界上最伟大的推销员》，世界知识出版社 2002 年版）

诵读指导

◎ **作品介绍：**

《世界上最伟大的推销员》是在全世界范围内影响巨大的书，适合任何阶层的人阅读，它振奋人心，激励斗志，改变了许多人的命运。该书讲述了一个名叫海菲的牧童从他的主人那里幸运地得到十道神秘的羊皮卷，遵循卷中之语，他执着创业，最终成为一名伟大的推销员的故事。

心灵感悟

做好准备，现在就付诸行动，不再犹豫。行动是成功最基本的条件，不应该浪费我们自己宝贵的时间，不要等到万事俱备了才开始行动，要动起来，才有可能获得成功。让我们扬起今日的风帆，努力做好今日的事吧，不要让自己沦为失败者。

经典诵读

十六、假如今天是我生命中的最后一天

〔美〕奥格·曼狄诺

假如今天是我生命中的最后一天。

我将如何利用这最后、最宝贵的一天呢？首先，我要把一天的时间珍藏好，不让一分一秒的时间滴漏。我不为昨日的不幸叹息，过去的已够不幸，不要再搭上今日的运道。时光会倒流吗？太阳会西升东落吗？我能抚平昨日的创伤吗？我能比昨天更年轻吗？一句出口的恶言，一记挥出的拳头，一切造成的伤痛，能收回吗？不能！过去的永远过去了，我不再去想它。

假如今天是我生命中的最后一天。

我该怎么办？忘记昨天，也不痴想明天。明天是一个未知数，为什么要把今天的精力浪费在未知的事上？想着明天的种种，今天的时光也白白流失了。企盼今早的太阳再次升起，太阳已经落山。走在今天的路上，能做明天的事吗？我能把明天的金币放进今天的口袋吗？明日瓜熟，今日能蒂落吗？明日的死亡能给今天的欢乐蒙上阴影吗？我能杞人忧天吗？明天与昨天一样被我埋葬，我不再想它。

假如今天是我生命中的最后一天。

这是我仅有的一天，是现实的永恒。我像被赦免死刑的囚犯，用喜悦的泪水拥抱新生的太阳。我举起双手，感谢这无与伦比的一天。当我想到昨天和我一起迎接日出的朋友，今天已不复存在时，我为自己的幸运感谢上苍。我是无比幸运的人，今天的时光是额外的奖赏。许多强者都先我而去，为什么我得到这额外的一天？是不是因为他们已大功告成，而我尚在旅途跋涉？如果是这样，这是不是成就我的一次机会，让我成全自己？造物主的安排是否别具匠心？今天是不是我超越自己的机会？

假如今天是我生命中的最后一天。

生命只有一次，而这也不过是时间的积累。我若让今天的时光白白流失，就等于毁掉人生的最后一页。因此，我珍惜今天的一分一秒，因为他们将一去不复返。我无法把今天存入银行，明天再来取用。时间像风一样不可捕捉。每一分一秒，我要用双手捧住，用爱心抚摸[①]，因为他们如此宝贵。垂死的人用毕生的钱财都无法换得一口气。我无法计算时间的价值，它们是无价之宝！

假如今天是我生命中的最后一天。

我憎恨那些浪费时间的行为，我要摧毁拖延的习性。我要以真诚埋葬怀疑，用信心驱赶恐惧。我不听闲话，不游手好闲，不与不务正业的人来往。我终于醒悟：懒惰，无异于从我所爱之人手中窃取食物和衣裳。我不是贼，我有爱心，今天是我最后的机会，我要证明我的爱心。

假如今天是我生命中的最后一天。

今日事今日毕。今天我要趁孩子还小的时候，多加爱护，明天他们将离我而去，我也会离开。今天我要深情地拥抱我的妻子，给她甜蜜的吻，明天她会离去。今天我要帮助落难的朋友，明天他不再求援，我也听不到他的哀求。我要乐于奉献，因为明天我也无法给予，也没有人来接受了。

假如今天是我生命中的最后一天。

如果这是我的末日，那么它就是最美好的日子。我要把每分每秒化为甘露，一口一口，细细品尝，满怀感激。我要每一分钟都有价值。我要加倍努力，直到精疲力竭[②]，即使这样，我还要继续努力，今天的每一分钟都胜过明天的每一小时，最后的也是最好的。

假如今天是我生命中的最后一天。

如果不是的话，我要跪倒在上苍面前，深深地感谢！

（选自曼狄诺著，安辽译：《世界上最伟大的推销员》，世界知识出版社 2002 年版）

诵读指导

◎ **作品介绍：**

《羊皮卷》是影响全世界的著名畅销书之一，被誉为“全球成功人士的启示录”“超越自我极限的奇书”，被译成数十种语言，风靡全球，影响和改变了无数人的命运。《羊皮卷全书》所辑录的 11 本书的作者都是近 200 年来美国各个行业中的成功人士，他们根据自己的经历，向世人告知成功的秘密以及由之带来的幸福生活的意义。

◎ **注释：**

① 抚（fǔ）摸（mō）：指用手轻轻地揉按着，来回移动。② 精（jīng）疲（pí）力（lì）竭（jié）：意思是精神、力气消耗殆尽，形容极度疲劳，不想动的样子。

心灵感悟

对于时间管理、人生的目标等进行适当规划，可以少走很多弯路。树的方向决定于风，人的命运掌握在自己的手里，要成功就得不断学习，不断更新知识。把握生命中的每一天，“当回首往事时，不因虚度年华而悔恨，也不因碌碌无为而羞愧”！这样，在自己人生终结时，才能无憾离去！只有不断努力，才能走向属于自己的光明和辉煌。

崇德励志

崇德，“崇”是推崇提倡的意思，“德”指道德、德行。“崇德”指崇尚有德之人、推崇高尚的德行。“崇德”既是为人之本，也是中国历代知识分子的精神追求所在。“励志”指在艰苦的环境中磨炼意志，成就事业。崇德励志就是强调一个人在注重德行的同时，更要勤奋工作，勇于实践。

经典诵读

一、诗经·蓼[1]莪[2]

蓼蓼者莪，匪莪伊蒿。
哀哀父母，生我劬[3]劳。
蓼蓼者莪，匪莪伊蔚[4]。
哀哀父母，生我劳瘁。
瓶之罄[5]矣，维罍[6]之耻。
鲜[7]民之生，不如死之久矣。
无父何怙[8]？无母何恃？
出则衔恤，入则靡至。
父兮生我，母兮鞠我。
拊我畜我，长我育我，
顾我复我，出入腹我。
欲报之德，昊[9]天罔极！
南山烈烈，飘风发发。
民莫不穀，我独何害！
南山律律，飘风弗弗。
民莫不穀，我独不卒。

（选自王秀梅译注：《诗经》，中华书局2015年版）

诵读指导

◎ **作品简介：**

《诗经》是中国古代诗歌开端，最早的一部诗歌总集，收集了西周初年至春秋中叶（前11世纪至前6世纪）的诗歌，共311篇，其中6篇为笙诗，即只有标题，没有内容，称为笙诗六篇（《南陔》《白华》《华黍》《由庚》《崇丘》《由仪》），反映了周初至周晚期约五百年间的社会面貌。《诗经》的作者佚名，绝大部分已经无法考证，传为尹吉甫采集、孔子编订。《诗经》在先秦时期称为《诗》，或取其整数称《诗三百》。西汉时被尊为儒家经典，始称《诗经》，并沿用至今。诗经在内容上分为《风》《雅》《颂》三个部分。《风》是周代各地的歌谣；《雅》是周人的正声雅乐，又分《小雅》和《大雅》；《颂》是周王庭和贵族宗庙祭祀的乐歌，又分为《周颂》

《鲁颂》和《商颂》。孔子曾概括《诗经》宗旨为“无邪”，并教育弟子读《诗经》以作为立言、立行的标准。先秦诸子中，引用《诗经》者颇多，如孟子、荀子、墨子、庄子、韩非子等人在说理论证时，多引述《诗经》中的句子以增强说服力。至汉武帝时，《诗经》被儒家奉为经典，成为《六经》之一。《诗经》内容丰富，反映了劳动与爱情、战争与徭役、压迫与反抗、风俗与婚姻、祭祖与宴会，甚至天象、地貌、动物、植物等方方面面，是周代社会生活的一面镜子。

◎ **注释：**

① 蓼（lù）：长又大的样子。② 莪（é）：一种草，即莪蒿。③ 劬（qú）：与下章“劳瘁”皆劳累之意。④ 蔚（wèi）：一种草，即牡蒿。⑤ 罄（qìng）：完；尽。⑥ 罍（léi）：盛水器具。⑦ 鲜（xiǎn）：指寡、孤。⑧ 怙（hù）：依靠。⑨ 昊（hào）：形容天的广大。也指天。

◎ **译文：**

看那莪蒿长得高，却非莪蒿是散蒿。可怜我的爹与妈，抚养我大太辛劳！看那莪蒿相依偎，却非莪蒿只是蔚。可怜我的爹与妈，抚养我大太劳累！汲水瓶儿空了底，装水坛子真羞耻。孤独活着没意思，不如早点就去死。没有亲爹何所靠？没有亲妈何所恃？离家服役心含悲，入门茫然不知止。爹爹呀你生下我，妈妈呀你喂养我。你们护我疼爱我，养我长大培育我，想我不愿离开我，出入家门怀抱我。想报爹妈大恩德，老天降祸难预测！南山高峻难逾越，狂风凄厉令人怯。大家没有不幸事，独我为何遭此劫？南山高峻难迈过，狂风凄厉人哆嗦。大家没有不幸事，不能终养独是我！

心灵感悟

《蓼莪》一诗所表达的孝念父母之情对后世影响深远。《晋书·孝友传》载王裒因痛父无罪处死，隐居教授，“及读《诗》至‘哀哀父母，生我劬劳’，未尝不三复流涕，门人受业者并废《蓼莪》之篇”；又《齐书·高逸传》载顾欢在天台山授徒，因“早孤，每读《诗》至‘哀哀父母’，辄执书恸泣，学者由是废《蓼莪》”，类似记载尚有，不必枚举。子女赡养父母，孝敬父母，本是中华民族的美德之一，实际也应该是人类社会的道德义务，而此诗则是以充沛情感表现这一美德的最早的文学作品，对后世影响极大，不仅在诗文赋中常有引用，甚至在朝廷下的诏书中也屡屡言及。《诗经》这部典籍对民族心理、民族精神形成的影响由此可见一斑。

经典诵读

二、孟子·公孙丑下（节选）

孟子

孟子曰：“天时不如地利，地利不如人和。三里之城，七里之郭，环而攻之而不胜。夫环而攻之，必有得天时者矣；然而不胜者，是天时不如地利也。城非不高也，池非不深也，兵革非不坚利也，米粟非不多也；委而去之，是地利不如人和也。

故曰：域民不以封疆之界，固国不以山溪之险，威天下不以兵革之利。得道者多助，失道者寡助。寡助之至，亲戚畔之；多助之至，天下顺之。以天下之所顺，攻亲戚之所畔；故君子有不战，战必胜矣。”

（选自方勇译注：《孟子》，中华书局 2017 年版）

诵读指导

◎ **作者简介：**

孟子（约前 372—前 289），名轲，字子舆，战国时期邹国（今山东省邹城市）人，著名思想家、政治家、文学家，儒家学说的继承和发扬者，有“亚圣”之称。

◎ **译文：**

孟子说：“有利于作战的天气时利比不上有利于作战的地理形势，有利于作战的地理形势比不上作战中的人心所向、内部团结。比如一座方圆三里的内城，只有方圆七里的外城，敌人四面包围攻打它，却不能取胜。能够用四面包围的方式攻城，一定是有着利于作战的天气时利，但是不能取胜的原因，是有利作战的天气时利比不上有利于作战的地理形势呀！城墙不是不高，护城河不是不深，武器装备不是不坚固锋利，粮食供给不是不充足，守城一方弃城而逃的原因，是有利于作战的地理形势比不上作战中的人心所向、内部团结。

所以说，使人民定居下来而不迁到别的地方去不能靠划定的边疆的界限，巩固国防不能靠山河的险要，震慑天下不能靠武力的强大。能实行‘仁政’的君主，帮助支持他的人就多。不能实行“仁政”的君主，帮助支持他的人就少。帮助支持他的人少到了极点，内外亲属也会背叛他。帮助支持他的人多到了极点，天下的人都会归顺他。凭借天下人都会归顺他的条件，去攻打连内外亲属都背叛他的寡助之君。所以君子不战则已，战就一定能够胜利。”

心灵感悟

文章选自《孟子·公孙丑下》，是一篇气势充沛的短论。孟子生活的时代，诸侯兼并，战争频繁，人民境遇非常悲惨。孟子同情人民，反对掠夺性战争，主张君主减轻对人民的剥削和压迫，以“王道”和“仁政”治国并进而统一天下。本文正是针对此而写的一次对君主好战的讲话，中心论点是“得道者多助，失道者寡助”。

经典诵读

三、孟子·告子（节选）

孟子

舜发于畎亩[①]之中，傅说[②]举于版筑之间，胶鬲[③]举于鱼盐之中，管夷吾举于士，孙叔敖举于海，百里奚举于市。

故天将降大任于是人也，必先苦其心志，劳其筋骨，饿其体肤，空乏其身，行拂乱其所为，所以动心忍性，曾益其所不能。

人恒过，然后能改；困于心，衡于虑，而后作；征于色，发于声，而后喻。入则无法家拂士[④]，出则无敌国外患者，国恒亡。

然后知生于忧患，而死于安乐也。

（选自方勇译注：《孟子》，中华书局2017年版）

诵读指导

◎ **注释：**

① 畎（quǎn）亩：田亩，此处意为耕田。畎，田间水渠。② 傅（fù）说（yuè）：人名，曾在傅岩地方为人筑墙，后殷王武丁寻访他，用为宰相。③ 胶鬲（gé）：商纣王大臣，与微子、箕子、王子比干同称贤人。④ 拂（bì）士：足以辅佐君主的贤士。拂，同“弼”，辅佐。

◎ 译文：

舜从田野耕作之中被任用，傅说从筑墙的劳作之中被任用，胶鬲从鱼盐贩中被举荐，管夷吾被从狱官手里救出来并受到任用，孙叔敖从海滨隐居的地方被任用，百里奚被从奴隶市场里赎买回来并被任用。

所以上天要把重任降临在一个人身上，一定先要使他内心痛苦，使他筋骨劳累，使他忍饥挨饿，使他受尽贫困之苦，使他所做的事情颠倒错乱，用来使他的内心得到震动，使他性情坚韧起来，增加他所不具备的能力及原来没有的才能。

一个人总是要犯过错误然后才能改正；内心困惑，思虑阻塞，然后才能有所作为；将想法表现在脸色上，吐发在言语中，然后才能被人所知晓。（如果）一个国家，在国内没有坚守法度的大臣和辅佐君王的贤士，在国外没有实力相当、足以抗衡的国家和来自国外的祸患，这样的国家就常常会走向灭亡。

这样，人们才知道忧虑祸患能使人（或国家）生存发展，而安逸享乐会使人（或国家）走向灭亡的道理。

心灵感悟

作者在文章开篇，一连列举了六位古代圣贤在困难忧患中崛起的事例，说明了一个道理：艰苦的环境，一方面给人们以困苦、饥饿、贫困、疲乏、忧虑，另一方面也能坚定、振奋人们的意志，使人们在不断克服困难，求得生存的过程中增加了聪明才干。生活中，我们要面对各种风险和挑战，唯有不断增强忧患意识，练就强大本领，才能战胜困难，取得最后的胜利。

经典诵读

四、曹刿论战[①]

左丘明

十年春，齐师伐我。公将战，曹刿请见。其乡人曰：“肉食者谋之，又何间[②]焉？”刿曰：“肉食者鄙，未能远谋。”遂入见。

问：“何以战？”公曰：“衣食所安，弗[③]敢专也，必以分人。”对曰：“小惠未遍，民弗从也。”公曰：“牺牲玉帛[④]，弗敢加也，必以信。”对曰：“小信未孚[⑤]，神弗福也。”公曰：“小大之狱，虽不能察，必以情。”对曰：“忠之属也，可以一战。战则请从。”

公与之乘，战于长勺。

公将鼓之。刿曰："未可。"齐人三鼓。刿曰："可矣！"齐师败绩。公将驰之。刿曰："未可。"下视其辙[⑥]，登轼[⑦]而望之，曰："可矣。"遂逐齐师。

既克，公问其故。对曰："夫[⑧]战，勇气也。一鼓作气，再而衰，三而竭。彼竭我盈，故克之。夫大国，难测也，惧有伏焉。吾视其辙乱，望其旗靡[⑨]，故逐之。"

（选自吴楚材、吴调侯编，钱素洲译：《古文观止》，浙江教育出版社 2016 年版）

诵读指导

◎ **注释：**

① 曹刿（guì）：春秋时鲁国大夫。著名的军事理论家。② 间（jiàn）：参与。③ 弗（fú）：不。④ 牺牲玉帛（bó）：古代祭祀用的祭品。牺牲：祭祀用的猪、牛、羊等。玉：玉器。帛：丝织品。⑤ 小信未孚（fú）：（这只是）小事，未能让神灵信服。孚：使人信服。⑥ 辙（zhé）：车轮碾出的痕迹。⑦ 轼（shì）：古代车厢前作扶手的横木。⑧ 夫（fú）：放在句首，表示将发议论，没有实际意义。⑨ 靡（mǐ）：倒下。

◎ **译文：**

鲁庄公十年的春天，齐国军队攻打我们鲁国。鲁庄公将要迎战。曹刿请求拜见鲁庄公。他的同乡说："吃肉的当权者自会谋划这件事，你又何必参与呢？"曹刿说："当权者目光短浅，不能深谋远虑。"于是入朝去见鲁庄公。

曹刿问："您凭借什么作战？"鲁庄公说："衣食（这一类）养生的东西，我从来不敢独自专有，一定把它们分给身边的大臣。"曹刿回答说："这种小恩小惠不能遍及百姓，老百姓是不会顺从您的。"鲁庄公说："祭祀用的猪牛羊和玉器、丝织品等祭品，我从来不敢虚报夸大数目，一定对上天说实话。"曹刿说："小小信用，不能取得神灵的信任，神灵是不会保佑您的。"鲁庄公说："大大小小的诉讼案件，即使不能一一明察，但我一定根据实情（合理裁决）。"曹刿回答说："这才是忠于本职一类的事，可以（凭借这个条件）打一仗。如果作战，请允许我跟随您一同去。"

到了那一天，鲁庄公和曹刿同坐一辆战车，在长勺和齐军作战。

鲁庄公将要下令击鼓进军。曹刿说："现在不行。"等到齐军三次击鼓之后。曹刿说："可以击鼓进军了。"齐军大败。鲁庄公又要下令驾车马追逐齐军。曹刿说："还不行。"说完就下了战车，察看齐军车轮碾出的痕迹，又登上战车，扶着车前横木远望齐军的队形，这才说："可以追击了。"于是追击齐军。

打了胜仗后，鲁庄公问他取胜的原因。曹刿回答说："作战，靠的是士气。第一次击鼓能够振作士兵们的士气。第二次击鼓，士兵们的士气就开始低落了，第三次击鼓，士兵们的士气就耗尽了。他们的士气已经消失而我军的士气正旺盛，所以才战胜了他们。像齐国这样的大国，他们的情况是难以推测的，怕他们在那里设有伏兵。后来我看到他们的车轮的痕迹混乱了，望见他们的旗帜倒下了，所以下令追击他们。”

心灵感悟

本文不仅记叙了这场战争的经过，而且生动、成功地刻画了一个爱国和杰出的军事家曹刿的形象。从这篇短文中，可以看到《左传》在记叙历史事件和描写人物等方面的高度技巧。首先，作者善于通过一系列具体情节的描写，使记叙的内容故事化。它并不是平铺直叙地简略地记载一下事情的经过，更不是通过作者之口发表什么议论，而是具体描写人物的言谈、活动，并通过人物的某些富有特征的言谈活动和场面描写，构成一系列生动的情节，使一次历史事件的曲折经过有声有色地呈现在读者面前，令人如目睹其事身临其境。如文章开始，首先写曹刿请见，而乡人劝阻的情节，最后结束时，还有“公问其故”，而曹刿侃侃而谈的情节。文章正是通过这样一连串具体生动而又紧凑相衔的情节描写，构成了一篇有首有尾、引人入胜的故事。其次，作者善于把人物放在矛盾冲突中，来立体化地表现出人物的思想和性格。例如曹刿的爱国心和对国家危亡的责任感，是通过他不顾乡人的劝阻而执意要入见鲁君表现出来的；曹刿的大军事家风度，是由临阵时庄公想贸然迎敌、贸然追击，而他却从容镇定、举止机智而谨慎表现出来的，等等。作者未加一句评判议论，而曹刿的思想、识见、性格、风度，却宛然如见。

经典诵读

五、烛之武退秦师[①]

左丘明

晋侯、秦伯围郑[②]，以其无礼于晋[③]，且贰于楚也[④]。晋军函陵[⑤]，秦军氾南[⑥]。

佚之狐言于郑伯曰[⑦]：“国危矣，若使烛之武见秦君，师必退。”公从之。辞曰：“臣之壮也，犹不如人；今老矣，无能为也已。”公曰：“吾不能早用子，今急而求子，是寡人之过也。然郑亡，子亦有不利焉。”许之。

夜缒⑧而出，见秦伯，曰：“秦、晋围郑，郑既知亡矣。若亡郑而有益于君，敢以烦执事。越国以鄙远⑨，君知其难也。焉用亡郑以陪邻？邻之厚，君之薄也。若舍郑以为东道主⑩，行李⑪之往来，共其乏困⑫，君亦无所害。且君尝为晋君赐矣⑬，许君焦、瑕，朝济而夕设版⑭焉，君之所知也。夫晋，何厌⑮之有？既东封⑯郑，又欲肆其西封，若不阙⑰秦，将焉取之？阙秦以利晋，唯君图之。”

秦伯说⑱，与郑人盟。使杞子、逢孙、杨孙戍之⑲，乃还。

子犯请击之⑳，公曰：“不可。微夫人之力不及此㉑。因人之力敝之㉒，不仁；失其所与㉓，不知㉔；以乱易整，不武。吾其还也。”亦去之。

（选自姜正成编：《重温传统：一本书读懂中国文化》，中国财富出版社 2016 年版）

诵读指导

◎ 注释：

① 烛之武：本名武，此处指烛地叫武的人。退：使撤退。② 晋侯：晋文公。秦伯：秦穆公。③ 无礼于晋：指晋文公重耳作公子时流亡经过郑国，郑文公不以礼相待之事。④ 贰：对晋有二心，与楚亲近。晋、楚城濮之战时，郑国曾派兵援助楚国。⑤ 军：驻扎军队。函陵：地名，在今河南新郑北。⑥ 氾（fán）南：地名。⑦ 佚之狐：郑国大夫。郑伯：郑文公。⑧ 缒（zhuì）：系在绳子上放下去。⑨ 鄙：边疆，这里作动词，意为当作边疆。越国以鄙远：越过晋国把远离秦国的郑国作为边境。⑩ 东道主：东方道路上招待客人的主人，后泛指接待或宴客的主人。⑪ 行李：外交使节。⑫ 共：同“供”，供给。乏困：在食宿方面的不足。⑬ 赐：恩惠，指秦穆公帮助晋惠公回国继位之事。⑭ 版：打土墙用的夹板，这里指防御工事。⑮ 厌：同“餍”，饱，满足。⑯ 封：疆界，这里作动词，以为疆界。⑰ 阙：通“缺”，损害。⑱ 说：同“悦”，喜悦。⑲ 杞子、逢孙、杨孙：都是秦国大夫。戍：防守。⑳ 子犯：狐偃，字子犯，是晋文公的舅父。㉑ 微：非，无。夫人：此人，指秦穆公。㉒ 敝（bì）：动词，害。㉓ 所与：同盟者。㉔ 知：通“智”，明智。

◎ 译文：

晋文公联合秦穆公包围郑国，因为郑文公曾对晋文公无礼，而且还依附楚国。晋军驻扎在函陵，秦军驻扎在氾南。

佚之狐向郑文公说：“国家危险了，如果派烛之武去见秦君，秦国军队一定退走。”郑文公听从了他的意见。烛之武推辞说：“臣壮年时，尚且不如别人，现在老了，更无能为力了。”郑文公说：“我没有及早重用您，危急时才来求您，这是我的过错。然而郑亡国了，对您也不利啊！”烛之武答应了。

夜里，把烛之武用绳子从城上坠下去见秦穆公。烛之武说："秦、晋围攻郑国，郑国已经知道就要灭亡了！如果郑国灭亡对您有好处，那就值得烦劳您的属下。越过其他国家而在远方设置边邑，您知道这不好办，哪能用灭郑来加强邻国的实力呢？邻国实力增强，就等于您的力量削弱了。如果不灭郑国而使它成为您东方道路上的主人，贵国使臣经过，郑国供应他们的食宿、给养，这对您也无坏处。再说您也曾经有恩于晋惠公，他答应给您焦、瑕两地，可是晋惠公早晨刚刚渡河回国，晚上就在那里筑城防御，这是您所知道的。那个晋国，怎么会有满足的时候？它既以郑国作为东边的疆界，又要扩张它西边的疆界，如果不损害秦国，它到哪里去夺取土地？损害秦国而让晋国得利，希望您还是多多考虑这件事。"

秦伯很高兴，与郑国结盟，派杞子、逢孙、杨孙戍守郑国，秦伯就回国了。

晋国大夫子犯请求攻打秦军。晋文公说："不可，如不是秦国国君的力量，就没有我的今天。依靠过别人的力量而去损害别人，是不仁；失去同盟国，是不智；用动乱来代替联合，是不武。我们还是回去吧！"于是晋国也撤离郑国。

心灵感悟

烛之武是一个爱国志士，也是一个无所畏惧的勇士，但仅有这两方面，也许只是匹夫之勇，是不能完成退秦师的重任的。这里还需要大智慧，而烛之武就是这样一个智慧超群的谋士。面对后来成为春秋五霸之一的秦伯秦穆公，他不卑不亢，一语中的，很好地把握了人们"趋利避害"的心理，牵着秦伯的鼻子往前走。烛之武是为了保卫郑国的利益而去的，但他的每一句话让人听起来似乎都在为秦国考虑，时时处处为秦的利益着想："若亡郑而有益于君，敢以烦执事。越国以鄙远，君知其难也，焉用亡郑以陪邻？邻之厚，君之薄也。若舍郑以为东道主，行李之往来，共其乏困，君亦无所害。"他又不动声色地使用离间计："且君尝为晋君赐矣，许君焦、瑕，朝济而夕设版焉，君之所知也。夫晋，何厌之有？既东封郑，又欲肆其西封，若不阙秦，将焉取之？阙秦以利晋，惟君图之。"以此，烛之武成功地瓦解了秦晋的联盟。几句话，说得秦伯心花怒放，大有相见恨晚之势。秦伯下令退兵，而失去了联盟的晋侯审时度势后，"亦退之"，烛之武仅凭三寸之舌，横扫秦晋，成功化解了郑国之危。

经典诵读

六、邹忌[①]讽齐王纳谏[②]

邹忌修八尺有余，而形貌昳丽[③]。朝服[④]衣冠，窥镜，谓其妻曰："我孰[⑤]与城北徐公美？"其妻曰："君美甚，徐公何能及君也？"城北徐公，齐国之美丽者也。忌不自信，而复问其妾曰："吾孰与徐公美？"妾曰："徐公何能及君也？"旦日，客从外来，与坐谈，问之客曰："吾与徐公孰美？"客曰："徐公不若君之美也。"明日徐公来，熟视之，自以为不如；窥镜而自视，又弗[⑥]如远甚。暮寝而思之，曰："吾妻之美我者，私我也；妾之美我者，畏我也；客之美我者，欲有求于我也。"

于是入朝[⑦]见威王，曰："臣诚知不如徐公美。臣之妻私臣，臣之妾畏臣，臣之客欲有求于臣，皆以美于徐公。今齐地方千里，百二十城，宫妇左右莫不私王，朝廷之臣莫不畏王，四境之内莫不有求于王：由此观之，王之蔽甚矣。"王曰："善。"乃下令："群臣吏民，能面刺寡人之过者，受上赏；上书谏寡人者，受中赏；能谤议于市朝[⑧]，闻寡人之耳者，受下赏。"令初下，群臣进谏，门庭若市；数月之后，时时而间进[⑨]；期[⑩]年之后，虽欲言，无可进者。燕、赵、韩、魏闻之，皆朝于齐。此所谓战胜于朝廷。

（选自陈国林编：《高中生必背古诗文》，龙门书局 2012 年版）

诵读指导

◎ **注释：**

① 邹（zōu）忌（jì）：战国时齐人，善鼓琴，有辩才，曾任齐相。② 纳（nà）谏（jiàn）：接受规劝。③ 昳（yì）丽（lì）：光艳美丽。④ 朝（zhāo）服衣冠：早晨穿戴好衣帽。⑤ 孰（shú）：谁，哪一个。⑥ 弗（fú）如远甚：远远地不如。⑦ 朝（cháo）：朝廷。⑧ 谤（bàng）议于市朝（cháo）：在公众场所议论君王的过失。谤：公开指责别人的过错。谤议：指责，议论。市朝，公共场合。⑨ 时时而间（jiàn）进：有时候有人偶然进谏。间进：偶然有人进谏。间：间或，偶尔，有时候。进：进谏。⑩ 期（jī）年：满一年。期：满。

◎ 译文：

邹忌身高八尺多，而且外形容貌光艳美丽。有一天早晨他穿戴好衣帽，照着镜子，对他的妻子说："我与城北的徐公相比，谁更美丽呢？"他的妻子说："您美极了，徐公怎么能比得上您呢！"城北的徐公，是齐国的美男子。邹忌不相信自己会比徐公美丽，于是又问他的小妾说："我和徐公相比，谁更美丽？"妾说："徐公怎么能比得上您呢？"第二天，有客人从外面来拜访，邹忌和他坐着谈话。邹忌问客人道："我和徐公相比，谁更美丽？"客人说："徐公不如您美丽啊。"又过了一天，徐公前来拜访，（邹忌）仔细地端详他，自己觉得不如他美丽；再照着镜子看看自己，更觉得远远比不上人家。晚上，他躺在床上想这件事，说："我的妻子认为我美，是偏爱我；我的小妾认为我美，是惧怕我；客人认为我美，是有求于我。"

于是邹忌上朝拜见齐威王。说："我确实知道自己不如徐公美丽。可是我的妻子偏爱我，我的妾惧怕我，我的客人对我有所求，他们都认为我比徐公美丽。如今的齐国，土地方圆千里，有一百二十座城池，宫中的姬妾和身边的近臣，没有不偏爱大王的；朝廷中的大臣，没有不惧怕大王的；国内的百姓，没有不对大王有所求的。由此看来，大王受蒙蔽一定很厉害了。" 齐威王说："说得真好。"于是下了一道命令："所有的大臣、官吏、百姓，能够当面批评我的过错的，可得上等奖赏；能够上书劝谏我的，得中等奖赏；能够在众人集聚的公共场所指责、议论我的过失，并能传到我耳朵里的，得下等奖赏。"政令刚一下达，所有大臣都来进言规劝，宫门庭院就像集市一样喧闹。几个月以后，有时偶尔还有人进谏。一年以后，即使想进言，也没有什么可说的了。燕、赵、韩、魏等国听说了这件事，都到齐国来朝见（齐王）。这就是所说的在朝廷之上修明内政而战胜了敌国。

心灵感悟

文章以"孰美"的问答开篇，继写邹忌暮寝自思，寻找妻、妾、客人赞美自己的原因，并因小悟大，将生活小事与国家大事有机地联系起来。由自己的"蔽"，用类比推理的方法婉讽"王之蔽甚"，充分显示了邹忌巧妙的讽谏艺术与娴熟的从政谋略。邹忌正是以自身的生活体悟，委婉地劝谏齐威王广开言路，改革弊政，整顿吏治，从而收到很好的效果。

经典诵读

七、陋室[①]铭[②]

刘禹锡

山不在高，有仙则名。水不在深，有龙则灵。斯是陋室[③]，惟吾德馨[④]。苔痕上阶绿，草色入帘青。谈笑有鸿儒，往来无白丁[⑤]。可以调素琴[⑥]，阅金经。无丝竹之乱耳，无案牍[⑦]之劳形。南阳诸葛庐，西蜀子云亭，孔子云：何陋之有？

（选自吴楚材、吴调侯编，钱素洲译：《古文观止》，浙江教育出版社 2016 年版）

诵读指导

◎ **作者简介：**

刘禹锡（772—842），字梦得，洛阳（今河南洛阳）人，中唐文学家。唐德宗贞元九年（793）进士。因参加王叔文集团的进步政治改革，被贬为朗州（今湖南省常德市）司马等，在外地二十多年。后入朝做主客郎中，晚年任太子宾客，加检校礼部尚书。世称刘宾客。他长于诗文，和柳宗元交谊很深，人称“刘柳”；与白居易唱和甚多，并称“刘白”。有《刘梦得文集》传世。

◎ **注释：**

① 陋室：简陋的屋子。② 铭：古代刻在器物上用来警诫自己或称述功德的文字，后来成为一种文体。这种文体一般都是用骈句，句式较为整齐，朗朗上口。③ 斯：指示代词，此，这；是：表肯定的判断动词。④ 惟吾德馨（xīn）：只因为住屋的人品德好就不感到简陋了。⑤ 白丁：平民，这里指没有什么学问的人。⑥ 调（tiáo）素琴：弹奏不加装饰的琴。⑦ 案牍（dú）：官府的公文、文书。

◎ **译文：**

山不在于高，有仙人居住就有盛名；水不在于深，有蛟龙潜藏就会显神灵。这虽然是间简陋的小屋，但我品德高尚、德行美好，让它芳香充盈。苔痕布满阶石，一片翠绿；草色映入帘栊，满室葱青。往来谈笑的都是饱学多识之士，没有一个浅薄无识之人。可以弹未加彩饰的琴，可以阅读玄妙的金经。没有嘈杂音乐的喧闹，没有批阅公务案卷的劳苦。南阳有诸葛亮的草庐，西蜀有扬雄的茅亭。正如孔子说的：“有什么简陋之处呢？”

心灵感悟

《陋室铭》是一篇托物言志的铭文。文章表现了作者不与世俗同流合污，洁身自好、不慕名利的生活态度，表达了作者高洁傲岸的情操，流露出作者安贫乐道的隐逸情趣。它单纯、简练、清新，像一首诗，充满了哲理和情韵。

经典诵读

八、古剑篇

郭震

君不见昆吾铁冶飞炎烟[①]，红光紫气俱赫然[②]。
良工锻炼凡几年[③]，铸得宝剑名龙泉[④]。
龙泉颜色如霜雪，良工咨嗟叹奇绝[⑤]。
琉璃玉匣吐莲花，错镂金环映明月[⑥]。
正逢天下无风尘[⑦]，幸得周防君子身[⑧]。
精光黯黯青蛇色[⑨]，文章片片绿龟鳞[⑩]。
非直结交游侠子[⑪]，亦曾亲近英雄人[⑫]。
何言中路遭弃捐[⑬]，零落飘沦古狱边[⑭]。
虽复沉埋无所用[⑮]，犹能夜夜气冲天。

（选自雅瑟主编：《唐诗三百首鉴赏大全集》，新世界出版社 2011 年版）

诵读指导

◎ **作者简介：**

郭震（656—713），名震，字元振，以字行，魏州贵乡（今河北省邯郸市大名县）人，唐朝名将，以任侠著声。

◎ **注释：**

① 昆吾：传说中的山名。相传山有积石，冶炼成铁，铸出宝剑光如水精，削玉如泥。石为昆吾，剑名昆吾，皆以山得名。铁冶：即冶铁的工场。炎：指火光上升。② 红光：指火光。紫气：即剑气。赫然：光明闪耀的样子。③ 凡：即共，一作“经”。④ 龙泉：龙泉县有水，曾有人就此水淬剑，剑化龙飞去，因此此剑便名龙泉剑（《太平寰宇记》）。⑤ 咨嗟：即赞叹。⑥ 错镂：指错彩、镂金。金环：指刀剑上装饰的带金的环。映：一作“生”。⑦ 风尘：指烽烟，借指战争。⑧ 幸：庆幸。周防：即周密防卫。周：一作“用”。⑨ 黯黯：通“暗暗”，指幽暗而不鲜明。⑩ 文章：指剑上的花纹。⑪ 直：通“只”。游侠子：指古代那些轻生重义、勇于救人急难的英雄侠士。⑫ 曾：一作“常”。⑬ 中路：即中途。弃捐：指抛弃。⑭“零落”句：据《晋书·张华传》载，晋张华见天上有紫气，使雷焕察释。雷焕曰：“宝剑之精上彻于天。”张华使雷焕寻剑，雷焕于丰城县狱屋基下掘得一石函，中有双剑，上刻文字，一名龙泉，一名太阿。飘：一作“漂”。⑮ 沉埋：为尘土埋没。

◎ **译文：**

你难道没有看到昆吾的宝石被炼成宝剑，通红的炉火，剑锋上射出紫色的光焰？良工巧匠们不知经过多少年的锻造冶炼，才铸出这把无双的宝剑名曰龙泉。龙泉的剑身锃亮得如雪如霜、寒芒四射，剑工自己也得意非凡地惊叹。龙泉剑身像琉璃玉匣里吐出一朵白莲，剑柄上的金环像是明月的光辉镀染。此剑出世，正逢天下没有战争，幸而被君子佩带防身。耀眼的剑芒像青蛇游动，鞘上的花纹如浮起绿色的龟鳞。不只是游侠们见了十分珍爱，英雄豪杰亦曾格外钟情。为什么要一个劲儿地说它曾中途遭到抛弃，飘零沦落在荒凉的古狱旁边呢？虽然被泥土掩埋不能发挥作用，但其赫赫剑气形成的不凡光焰仍然夜夜照亮了夜空。

心灵感悟

这是一首咏物言志诗，所咏的对象是龙泉宝剑。据传龙泉宝剑是吴国干将和越国欧冶子二人，用昆吾所产精矿，冶炼多年而铸成，备受时人赞赏。但后来沦落埋没在丰城的一个古牢狱的废墟下，直到晋朝宰相张华夜观天象，发现在斗宿、牛宿之间有紫气上冲于天，后经雷焕判断是“宝剑之精上彻于天”，这才重新被发掘出来，重现光芒。此诗借宝剑之遭遇比喻英雄人物虽不见重于时，但其光芒依然不会被掩埋。

经典诵读

九、阿房宫赋

杜牧

六王毕，四海一；蜀山兀，阿房出。覆压三百余里，隔离天日。骊山[①]北构而西折，直走咸阳。二川溶溶，流入宫墙。五步一楼，十步一阁；廊腰缦回[②]，檐牙高啄；各抱地势，钩心斗角。盘盘焉，囷囷焉[③]，蜂房水涡，矗[④]不知其几千万落！长桥卧波，未云何龙？复[⑤]道行空，不霁[⑥]何虹？高低冥迷，不知西东。歌台暖响，春光融融；舞殿冷袖，风雨凄凄。一日之内，一宫之间，而气候不齐。

妃嫔媵嫱[⑦]，王子皇孙，辞楼下殿，辇[⑧]来于秦，朝歌夜弦，为秦宫人。明星荧荧，开妆镜也；绿云扰扰，梳晓鬟[⑨]也；渭流涨腻[⑩]，弃脂水也；烟斜雾横，焚椒兰也。雷霆乍惊，宫车过也；辘辘远听，杳不知其所之也。一肌一容，尽态极妍，缦立远视，而望幸焉；有不得见者，三十六年。

燕、赵之收藏，韩、魏之经营，齐、楚之精英，几世几年，剽掠[⑪]其人，倚叠如山。一旦不能有，输来其间。鼎铛玉石，金块珠砾，弃掷逦迤[⑫]，秦人视之，亦不甚惜。

嗟乎！一人之心，千万人之心也。秦爱纷奢，人亦念其家；奈何取之尽锱铢[⑬]，用之如泥沙？使负栋之柱，多于南亩之农夫；架梁之椽，多于机上之工女；钉头磷磷，多于在庾之粟粒；瓦缝参差，多于周身之帛缕；直栏横槛，多于九土之城郭；管弦呕哑，多于市人之言语。使天下之人，不敢言而敢怒；独夫之心，日益骄固。戍卒叫，函谷举；楚人一炬，可怜焦土。

呜呼！灭六国者，六国也，非秦也。族秦者，秦也，非天下也。嗟乎！使六国各爱其人，则足以拒秦；使秦复爱六国之人，则递三世可至万世而为君，谁得而族灭也？秦人不暇自哀，而后人哀之；后人哀之而不鉴之，亦使后人而复哀后人也。

（选自吴楚材，吴调侯编，钱素洲译：《古文观止》，浙江教育出版社 2016 年版）

诵读指导

◎ **作者简介：**

杜牧（803—约 852），字牧之，号樊川居士，汉族，京兆万年（今陕西西安）人。杜牧是唐代杰出的诗人、散文家，是宰相杜佑之孙。因晚年居长安南樊川别墅，故后世称“杜樊川”，著有《樊川文集》。

◎ 注释：

① 骊(lí)山：位于陕西省西安市临潼区城南，是秦岭山脉的一个支脉。② 缦(màn)：萦绕。③ 囷囷（qūn）：屈曲的样子，曲折回旋的样子。④ 矗（chù）：形容建筑物高高耸立的样子。⑤ 复（fù）：同“複”，因上下都有通道，故被叫作复道。⑥ 霁（jì）：雨后天晴。⑦ 妃（fēi）嫔（pín）媵（yìng）嫱（qiáng）：统指六国王侯的宫妃。⑧ 辇（niǎn）：古代用人拉的车，后来多指皇帝、皇后坐的车。⑨ 鬟（huán）：妇女梳的环形的发髻。⑩ 渭（wèi）流（liú）涨（zhǎng）腻（nì）：渭水涨起一层油腻。⑪ 剽（piāo）掠（lüè）：剽，抢劫，掠夺。⑫ 弃（qì）掷（zhì）逦（lǐ）迤（yǐ）：连续不断。这里有“连接着”“到处都是”的意思。⑬ 锱（zī）铢（zhū）：古代重量名，一锱等于六铢，一铢约等于后来的一两的二十四分之一。锱、铢连用，极言其细微。

◎ 译文：

六国的君主灭亡了，全国（为秦所）统一；蜀地的山（树木被砍尽）光秃秃的，阿房宫建造出来了。它（面积广大）覆压着三百多里地面，（宫殿高耸）把天日都隔离了。它从骊山向北而走，再往西转弯，直达咸阳。渭水、樊川浩浩荡荡地流进宫墙里。五步一座楼，十步一处阁，走廊如绸带般萦回，飞檐像鸟嘴向高处啄着。楼阁各依地势的高低倾斜而建筑，（低处的屋角）钩住（高处的）屋心，（并排相向的）屋角彼此相斗。盘结交错，曲折回旋，（远观鸟瞰）建筑群如密集的蜂房，如旋转的水涡，高高地耸立着，不知道它有几千万座。没有起云，为什么有龙？原来是一座长桥躺在水波上。不是雨过天晴，为什么出虹？原来是天桥高架在空中。（房屋）忽高忽低，幽深迷离，使人不能分辨东西。歌台上由于歌声响亮而充满暖意，有如春光融和；舞殿上由于舞袖飘拂而充满寒意，有如风雨凄凉。一天之内，一座宫殿之中，气候却不一样。

六国的宫妃和王子王孙，辞别了六国的宫楼，走下六国的宫殿，坐着辇车来到秦国。他们早上歌唱，晚上奏乐，成为秦国的宫人。明亮的星星晶莹闪烁，这是宫妃们打开了梳妆的镜子；翠绿的云朵纷纷扰扰，这是宫妃们在梳理晨妆的发髻；渭水涨起一层油腻，这是宫妃们抛弃了的胭脂水；烟霭与云雾横绕空际，这是宫中在焚烧椒、兰制的香料；雷霆突然震响，这是宫车驶过去了；辘辘的车声越听越远，无影无踪，不知道它去到什么地方。每一片肌肤，每一种容颜，都美丽娇媚得无以复加。宫妃们久久地站着，远远地看着，盼望着皇帝来临。有的宫女竟整整三十六年没能见到皇帝。

燕赵收藏的金玉、韩魏营谋的珍宝、齐楚的精华物资，都是在多少世代多少年中从他们的人民那里掠夺来的，堆叠得像山一样。（此时）一下子不能保有了，都运送到阿房宫里边来。宝鼎被当作铁锅，美玉被当作顽石，黄金被当作土块，珍珠被当作沙砾，丢弃得到处都是，秦人对这些珍宝并不十分爱惜。

唉，一个人的意愿，也就是千万人的意愿啊。秦皇喜欢繁华奢侈，人民也顾念他们自己的家。为什么掠取珍宝时连一锱一铢都搜刮干净，挥霍起珍宝来竟像泥沙一样。（秦皇如此奢侈浪费）致使承担栋梁的柱子，比田地里的农夫还多；架在梁上的椽子，比织机上的女工还多；梁柱上的钉头比粮仓里的粟粒还多；屋瓦的缝隙比全身的丝缕还多；或直或横的栏杆，比九州的城郭还多；管弦的声音嘈杂，比市民的言语还多。使天下的人民，虽口里不敢说，心里却积蓄着愤怒。（可是）失尽人心的独霸者却一天天更加骄傲顽固。（于是）戍边的陈涉、吴广一声呼喊，函谷关被攻下，楚人项羽放一把火，可惜（华丽的阿房宫）化为了一片焦土。

唉！灭亡六国的是六国自己，不是秦国啊。族灭秦王朝的是秦王朝自己，不是天下的人啊。可叹呀！假使六国各自爱护它的人民，就完全可以依靠人民来抵抗秦国。假使秦王朝又爱护六国的人民，那就会由三世传到万世做皇帝，谁能够族灭它呢？（秦王朝灭亡得太迅速）秦人还没工夫哀悼自己，而后人哀悼他；如果后人哀悼他却不把他作为镜子来吸取教训，也只会使更后的人又来哀悼这后人啊。

心灵感悟

本文通过描绘阿房宫的极尽豪华与宫内生活的荒淫奢靡，展现了统治者对人民的残酷压榨，揭示秦王朝的自取灭亡，讽喻当朝切勿重蹈覆辙。得道多助，失道寡助，警醒世人以此为鉴，重视品行。

经典诵读

十、劝孝歌

朱柏庐

孔子著孝经，孝乃德之属。
父母皆艰辛，尤以母为笃。
胎婴未成人，十月怀母腹。
渴饮母之血，饥食母之肉。
儿身将欲生，母身如在狱。
惟恐生产时，身为鬼眷属。
一旦儿见面，母命喜再续。

爱之若珍宝，日夜勤抚鞠。
母卧湿箪席[①]，儿眠干被褥。
儿睡正安稳，母不敢伸缩。
儿秽不嫌臭，儿病身甘赎。
儿要能步履，举止虑颠状。
哺乳经三年，汗血耗千斛。
儿要能饮食，省口恣所欲。
劬劳辛苦尽，儿年十五六。
慧敏恐疲劳，愚怠忧碌碌。
有善先表扬，有过则教育。
儿出未归来，倚门继以烛。
儿行千里路，亲心千里逐。
孝顺理当然，不孝不如禽。

（选自骆承烈编：《中国古代孝道资料选编》，山东大学出版社 2003 年版）

诵读指导

◎ **译文：**

孔子著《孝经》，孝是道德的归属、父亲母亲都很辛苦，尤其以母亲为重。

胎婴尚未成人，要再母亲腹中待十个月，渴了就喝母亲血，饿了就吃母亲的肉。

婴儿的身体将要出生，母亲的身体如同在地狱，恐惧生产的时候，有难产死亡的危险。

与孩子见面后，母亲很高兴自己生命延续，爱孩子若珍宝，日夜辛勤抚养。

母亲躺在湿席子上，婴儿睡在干被褥里。孩子睡得正安稳，母亲却不敢伸缩身体。

父母不嫌儿丑和拉尿的臭味，孩子生病时甚至甘心用身体替代，孩子要是能走路了，就担心行走会跌倒。

母亲哺育了孩子三年，耗尽了体力和心血。孩子要想吃喝什么，即使减少自己口粮也要满足孩子，为孩子辛苦操劳，直到孩子十五六岁。

孩子聪敏颖慧，父母怕累着孩子。孩子愚钝懈怠的话，又会担心孩子碌碌无为。

孩子做了好事先表扬，有了过错就教育。孩子外出未归，母亲靠在门旁点上蜡烛等待。

我们尊崇孝道，孝敬双亲是理所当然的事情。如果不孝顺父母，就连禽兽也不如。

心灵感悟

《劝孝歌》是朱柏庐所创作的七言绝句，全诗以“孝为百行首，诗书不胜录”阐述“孝”的重要性，先描述了母亲生育孩子的劳累，后阐述父亲教育孩子的不易。再用“二十四孝”故事来巩固“孝”的意义。最后劝醒世人一定要孝顺的。

经典诵读

十一、少年中国说（节选）

梁启超

少年智则国智，少年富则国富，少年强则国强，少年独立则国独立，少年自由则国自由，少年进步则国进步，少年胜于欧洲，则国胜于欧洲，少年雄于地球，则国雄于地球。

红日初升，其道大光。河出伏流，一泻汪洋。潜龙腾渊，鳞爪飞扬。乳虎啸谷，百兽震惶①。鹰隼②试翼，风尘翕张。奇花初胎，矞矞③皇皇。干将发硎④，有作其芒。天戴其苍，地履其黄。

纵有千古，横有八荒。前途似海，来日方长。美哉，我少年中国，与天不老！壮哉，我中国少年，与国无疆！

（选自李承林编：《中华文典·中华句典大全集》，高等教育出版社 2010 年版）

诵读指导

◎ **注释：**

① 惶（huáng）：恐惧。② 隼（sǔn）：一种鸟。③ 矞（yù）：古文中书面用语，光明盛大的样子。④硎（xíng）：磨刀石。

心灵感悟

本文热情歌颂了少年勇于改革创新的精神，鼓励少年们要奋发图强，创建出光辉的未来中国，表现了作者热切盼望祖国繁荣富强并对中国的未来满怀希望的心情。

经典诵读

十二、太阳吟

闻一多

太阳啊，刺得我心痛的太阳！
又逼走了游子的一出还乡梦，
又加他十二个时辰的九曲回肠！

太阳啊，火一样烧着的太阳！
烘干了小草尖头的露水，
可烘得干游子的冷泪盈眶？

太阳啊，六龙骖驾[①]的太阳！
省得我受这一天天的缓刑，
就把五年当一天跑完那又何妨？

太阳啊——神速的金乌[②]——太阳！
让我骑着你每日绕行地球一周，
也便能天天望见一次家乡！

太阳啊，楼角新升的太阳！
不是刚从我们东方来的吗？
我的家乡此刻可都依然无恙？

太阳啊，我家乡来的太阳！

北京城里的官柳裹上一身秋了罢？
唉！我也憔悴的同深秋一样！

太阳啊，奔波不息的太阳！
你也好象无家可归似的呢。
啊！你我的身世一样地不堪设想！

太阳啊，自强不息的太阳！
大宇宙许就是你的家乡罢。
可能指示我，我的家乡的方向？

太阳啊，这不像我的山川，太阳！
这里的风云另带一般颜色，
这里鸟儿唱的调子格外凄凉。

太阳啊，生命之火的太阳！
但是谁不知你是球东半的情热，
同时又是球西半的智光？

太阳啊，也是我家乡的太阳！
此刻我回不了我往日的家乡，
便认你为家乡，也还得失相偿。

太阳啊，慈光普照的太阳！
往后我看见你时，就当回家一次，
我的家乡不在地下乃在天上！

（选自李朝全编：《诗歌百年经典 1917～2015》，中央编译出版社 2016 年版）

诵读指导

◎ **作者简介**：

闻一多（1899—1946），本名闻家骅，字友三，生于湖北省黄冈市浠水县，中国现代伟大的爱国主义者，坚定的民主战士，中国民主同盟早期领导人，中国共产党的挚友，新月派代表诗人和学者。1912 年考入清华大学留美预备学校。1916 年开始在《清华周刊》上发表系列读书笔记。1925 年 3 月在美国留学期间创作《七子之歌》。1928 年 1 月出版第二部诗集《死水》。1932 年闻一多离开青岛，回到母校清华大学任中文系教授。1946 年 7 月 15 日在云南昆明被国民党特务暗杀。

◎ **注释**：

① 骖（cān）驾（jià）：驾御。② 金乌：金乌即三足乌。金乌是一种古代汉族神话中的神鸟，金乌形象原是二足，西汉后期演变为三足。三足乌是汉族神话传说中驾驭日车的神鸟名。为日中三足乌之演化。

心灵感悟

诗人清晨时分醒来，看见窗外的太阳，引发了感想和思乡之情，并向太阳倾诉自己的心声："太阳啊，这不像是我的山川，太阳！这里的风云另有一般颜色，这里的鸟儿唱的调子格外凄凉。"诗人在这里感到的是一种压抑的感觉，以至于山川、风云、鸟声等均变得黯然失色，在这种感觉后面，隐藏着爱国之情与思乡之情，这与闻一多的民族气节和爱国情怀是分不开的。诗中还巧妙地运用了一个反问句"可烘得干游子的冷泪盈眶？"更能体现出闻一多当时的游子之心。在全诗的结尾部分，诗人干脆把太阳认作是自己的"家乡"，诗中这样写道："太阳啊，慈光普照的太阳！往后我看见你时，就当回家一次，我的家乡不在地下乃在天上！"集中表达了诗人对祖国的深切怀念。

经典诵读

十三、可爱的中国（节选）

方志敏

朋友！中国是生育我们的母亲。你们觉得这位母亲可爱吗？我想你们是和我一样的见解，都觉得这位母亲是蛮可爱蛮可爱的。

以言气候，中国处于温带，不十分热，也不十分冷，好像我们母亲的体温，不高不低，最适宜于孩儿们的偎依。以言国土，中国土地广大，纵横万数千里，好像我们的母亲是一个身体魁大、胸宽背阔的妇人。

……

中国土地的生产力是无限的；地底蕴藏着未开发的宝藏也是无限的；废置而未曾利用起来的天然力，更是无限的；又岂不象征着我们的母亲，保有着无穷的乳汁，无穷的力量，以养育她四万万七千万的孩儿？我想世界上再没有比她养得更多的孩子的母亲吧。

……

中国是无地不美，到处皆景……这好像我们的母亲，她是一个天姿玉质的美人，她的身体的每一部分，都有令人爱慕之美。中国海岸线之长而且弯曲，照现代艺术家说来，这象征我们母亲富有曲线美吧。

……

中国民族在很早以前，就造起了一座万里长城和开凿了几千里的运河，这就证明中国民族伟大无比的创造力！中国在战斗之中一旦斩去了帝国主义的锁链，肃清自己阵线内的汉奸卖国贼，得到了自由与解放，这种创造力将会无限的发挥出来。到那时，中国的面貌将会被我们改造一新。

……

朋友，我相信，到那时，到处都是活跃跃的创造，到处都是日新月异的进步，欢歌将代替了悲叹，笑脸将代替了哭脸，富裕将代替了贫穷，康健将代替了疾苦，智慧将代替了愚昧，友爱将代替了仇杀，生之快乐将代替了死之悲哀，明媚的花园，将代替了凄凉的荒地！

这时，我们民族就可以无愧色地立在人类的面前，而生育我们的母亲，也会最美丽地装饰起来，与世界上各位母亲平等地携手了。

这么光荣的一天，决不在辽远的将来，而在很近的将来，这么光荣的一天，决不在辽远的将来，而在很近的将来，朋友！

（选自董卿主编：《朗读者》，人民文学出版社 2017 年版）

诵读指导

◎ **作者简介：**

方志敏（1899—1935），原名远镇，乳名正鹄，号慧生。江西上饶市弋阳漆工镇湖塘村人，中国共产党革命家、政治家、军事家、杰出的农民运动领袖，土地革命战争时期闽浙（皖）赣革命根据地和红十军团的缔造者。1922 年 8 月加入中国社会主义青年团。1923 年 3 月转入中国共产党。1928 年 1 月，参与领导弋横暴动，创建赣东北苏区。先后任赣东北省、闽浙赣省苏维埃政府主席，红 10 军、红 11 军政治委员，中共闽浙赣省委书记。他把马克思主义与赣东北实际相结合，创造了一整套建党、建军和建立红色政权的经验，毛泽东称之为“方志敏式”根据地。1935 年被捕牺牲。2009 年 9 月，方志敏被中央宣传部、中央组织部等 11 个部门列入“100 位为新中国成立作出突出贡献的英雄模范人物”。

心灵感悟

《可爱的中国》是方志敏的著名散文，也是他的遗著，1935 年写于狱中。作者以亲身经历概括了中国从五四运动到第二次国内革命战争以来的悲惨历史，愤怒地控诉了帝国主义肆意欺侮中国人民的种种罪行。他满怀爱国主义激情，把祖国比喻为“生育我们的母亲”，痛斥了帝国主义与汉奸军阀对祖国母亲的蹂躏和践踏。作者高声疾呼：“母亲快要死去了”，“救救母亲呀！”他指出挽救祖国的“唯一出路”就是进行武装斗争，论证“中国是有自救的力量的”，坚信中华民族必能从战斗中获救，并在篇末展示了中国革命的光明前景，描绘出革命后祖国未来的美好幸福的景象，表现了强烈的民族自信心。我们要学习他的爱国主义精神与为祖国强大而奋斗的行动。

经典诵读

十四、论迅速（节选）

〔英〕弗朗西斯·培根

急于求成是必须谨慎的，须知狼吞虎咽将会让人消化不良。真正迅速的人，并非只因事情做得快，而是做得最成功最有效的人。譬如在赛跑中，优胜者并非步子迈得急或脚抬得高的人。因此在事业上，迅速与否不能只用时间来衡量。

某些人只是追求表面上的速度，常常为了显示自己的工作效率，把并未结束的事情草草了结。然而这往往是了而不结，其结果是：一件本需做一次的事，却不得不返工重复多次。所以，有一位智者讲过一句至理名言：“慢些，我们也许会更快！”

要想敏捷而有效率地工作，应善于安排工作的次序、分配的时间和选择的要点。

只是要注意这种分配不可过于细密琐碎。善于选择要点就意味着应该节约时间，不得要领的奔忙等于乱放空炮。

做事情通常可分为三步——筹备、审议和执行。审议时应当博采众论、集思广益，但筹备和执行的人，却应当尽可能地少而精。

在把一件计划交付审议之前，先准备一个草案将有助于提高效率。即使它在审议中或许会被推翻，但这也意味着事情有所进展，因为不可取的方案已经被否定了。这种否定就如燃烧后的草木灰一样有利于田地里新植物的生长。

（选自培根著，王佐良译：《培根随笔全集》，西安交通大学出版社 2013 年版）

诵读指导

事业的成功，其诀窍体现在一个“度”上。不可操之过急或过缓，要掌握求稳渐进的奥妙。做事应当讲究循序渐进，讲究有条不紊地稳健运作。急于求成，就可能会功败垂成。不理智的扩张，只能炫耀一时，它就像渐渐变大的泡沫，总有破碎的一天。要善于把握尺度，而不操之过急，稳扎稳打，才是做事的上策。

心灵感悟

北大社会学教授夏学銮表示，中国目前可能还不具备实现“慢生活”的社会经济条件。资本主义用了一百多年走过的历程，中国用几十年的时间赶上，成为世界上第二个经济大国。不过，因为发展速度快，也留下了问题。人们的心态越来越浮躁，欲望是点燃人心浮躁的火把，“急的人生、急的追求、急的心态”，加上互联网技术浪潮的快速发展，加快了我们的生活节奏。越是在大城市，“快”就越是一种躲不开的潮流。据调查显示，84%的人认为自己生活在“加急时代”，其中 71.1%的人称，“精神高度紧张，压力大”是让他们着急上火的主要原因。至于“加急时代”最突出的表现，60.2%的人觉得是“生活节奏加快”，54.7%的人认为“浮躁，踏实不下来”。尤其是年轻人，浮躁心态更甚，刚进入社会，就想“一夜暴富”。一言不合就“裸辞”“闪辞”，“出名要趁早”“身登青云梯”“这山望着那山高”，缺乏定力，频繁跳槽，希望以此来增加收入或谋求高位，很快陷入心态失衡的境地。错的不是“快”，是急功近利。在现在这个“快”时代，无论做事还是为人，我们都需要时刻提醒自己，“慢”一些，多思考。

经典诵读

十五、海燕

〔苏联〕玛克西姆·高尔基

在苍茫的大海上，狂风卷集着乌云。在乌云和大海之间，海燕像黑色的闪电，在高傲地飞翔。

一会儿翅膀碰着波浪，一会儿箭一般地直冲向乌云，它叫喊着，——就在这鸟儿勇敢的叫喊声里，乌云听出了欢乐。

在这叫喊声里——充满着对暴风雨的渴望！

在这叫喊声里，乌云听出了愤怒的力量、热情的火焰和胜利的信心。

海鸥在暴风雨来临之前呻吟着，——呻吟着，在大海上面飞窜，想把自己对暴风雨的恐惧，掩藏到大海深处。

海鸭也在呻吟着，——它们这些海鸭啊，享受不了生活的战斗的欢乐：轰隆隆的雷声就把它们吓坏了。

蠢笨的企鹅，胆怯地把肥胖的身体躲藏到悬崖底下……只有那高傲的海燕，勇敢地，自由自在地，在泛起白沫的大海上飞翔！

乌云越来越暗，越来越低，向海面直压下来，而波浪一边歌唱，一边冲向高空，去迎接那雷声。

雷声轰响。波浪在愤怒的飞沫中呼叫，跟狂风争鸣。看吧，狂风紧紧抱起一层层巨浪，恶狠狠地把它们甩到悬崖上，把这些大块的翡翠摔成尘雾和碎末。

海燕叫喊着，飞翔着，像黑色的闪电，箭一般地穿过乌云，翅膀掠起波浪的飞沫。

看吧，它飞舞着，像个精灵，——高傲的、黑色的暴风雨的精灵，——它在大笑，它又在号叫……它笑那些乌云，它因为欢乐而号叫！

这个敏感的精灵，——它从雷声的震怒里，早就听出了困乏，它深信，乌云遮不住太阳，——是的，遮不住的！

狂风吼叫……雷声轰响……

一堆堆乌云，像青色的火焰，在无底的大海上燃烧。大海抓住闪电的箭光，把它们熄灭在自己的深渊里。这些闪电的影子，活像一条条火蛇，在大海里蜿蜒游动，一晃就消失了。

暴风雨！暴风雨就要来啦！

这是勇敢的海燕，在怒吼的大海上，在闪电中间，高傲地飞翔；这是胜利的预言家在叫喊：让暴风雨来得更猛烈些吧！

（选自高尔基著，苏旸晗译：《海燕》，江苏凤凰文艺出版社 2018 年版）

诵读指导

◎ **作者简介：**

玛克西姆·高尔基（1863—1936），原名阿列克赛·马克西姆维奇·别什可夫，苏联作家、诗人、评论家、政论家、学者。《海燕》又名《海燕之歌》，是高尔基创作的一篇著名散文诗。海燕在暴风雨来临之前，常在海面上飞翔。因此，在俄文里，“海燕”一词含有“暴风雨的预言者”之意。

心灵感悟

整首诗以宏伟壮丽的大自然作背景，塑造出一个“高傲的、黑色的暴风雨的精灵”般的“海燕”形象，来欢呼即将来临的革命风暴，鼓舞人们积极行动起来，去迎接伟大的战斗。

人生态度

从古至今，许多文人墨客的作品，都体现了他们对人生的态度。从寄情山水的作品中，我们看到他们积极向上、乐观豪放的态度；对时事的感慨，对君主的陈情，都体现了他们坚强不屈、忠贞不渝的精神；对家人的嘱托，对外物的歌颂，又展示了洁身自好的高尚品格。每个人的人生都不是一帆风顺的，我们要从这些先贤的文章中汲取力量，积极、坚强、乐观地面对人生。

经典诵读

一、逍遥游（节选）

庄子

北冥有鱼，其名为鲲。鲲之大，不知其几千里也。化而为鸟，其名为鹏。鹏之背，不知其几千里也。怒而飞，其翼若垂天之云。是鸟也，海运则将徙①于南冥。南冥者，天池也。《齐谐》②者，志怪者也。《谐》之言曰："鹏之徙于南冥也，水击三千里，抟扶摇③而上者九万里，去以六月息者也。"野马也，尘埃也，生物之以息相吹也。天之苍苍，其正色邪④？其远而无所至极邪？其视下也，亦若是则已矣。且夫水之积也不厚，则其负大舟也无力。覆杯水于坳堂⑤之上，则芥为之舟；置杯焉则胶，水浅而舟大也。风之积也不厚，则其负大翼也无力。故九万里，则风斯在下矣，而后乃今培风；背负青天，而莫之夭阏⑥者，而后乃今将图南。蜩与学鸠⑦笑之曰："我决起而飞，抢榆枋⑧而止，时则不至，而控于地而已矣，奚以之九万里而南为？"适莽苍者，三餐而反，腹犹果然；适百里者，宿舂粮⑨；适千里者，三月聚粮。之二虫又何知！小知不及大知⑩，小年不及大年。奚以知其然也？朝菌不知晦朔，蟪蛄⑪不知春秋，此小年也。楚之南有冥灵者，以五百岁为春，五百岁为秋；上古有大椿者，以八千岁为春，八千岁为秋，此大年也。而彭祖乃今以久特闻，众人匹之，不亦悲乎？

（选自刘建生主编：《庄子精解》，海潮出版社 2012 版）

诵读指导

◎ **作者简介：**

庄子，战国中期思想家、哲学家、文学家。姓庄，名周，宋国蒙人。他是继老子之后道家学派的代表人物，与老子并称"老庄"。

◎ **注释：**

① 徙（xǐ）：迁移。②《齐谐》：志怪小说集。③ 抟（tuán）：盘旋上升。扶摇：旋风。④ 邪（yé）：通"耶"，疑问词。⑤ 覆：倒。坳（ào）堂：屋前地上的洼坑。⑥ 夭（yāo）：挫折。阏（è）：阻碍。⑦ 蜩（tiáo）：蝉。学鸠（jiū）：斑鸠一类的小

鸟。⑧ 榆枋（fāng）：泛指树木。榆，榆树。枋，檀木。⑨ 舂（chōng）粮：把谷物的壳捣掉，指准备粮食。⑩ 小知（zhì）：小聪明。知，通“智”，下同。大知：大智慧。⑪ 蟪（huì）蛄（gū）：寒蝉，春生夏死或夏生秋死。春秋：一整年。

◎ 译文：

北方的大海里有一条鱼，它的名字叫鲲。鲲的体积，不知道大到有几千里。变化成为鸟，它的名字就叫作鹏。鹏的脊背，真不知道有几千里。当它奋起而飞的时候，那展开的翅膀就好像天边的云。这只鹏鸟，大风吹动海水的时候就要迁徙到南方的大海去了。南方的大海是一个天然的大池子。《齐谐》是一部专门记载怪异事情的书。这本书上记载：“鹏往南方的大海迁徙的时候，翅膀拍打水面，能激起三千里的浪涛，环绕着旋风飞上了九万里的高空，乘着六月的风离开了北海。”像野马奔腾一样的游气，飘飘扬扬的尘埃，都是活动着的生物的气息相互吹拂所致。天空苍苍茫茫的，难道就是它本来的颜色吗？它的辽阔高远也是没有尽头的吗？鹏往下看的时候，看见的应该也是这个样子。如果聚集的水不深，那么它就没有负载一艘大船的力量了。在堂前低洼的地方倒上一杯水，一棵小草就能被当作是一艘船，放一个杯子在上面就会被粘住，这是水浅而船却大的原因。如果聚集的风不够强大的话，那么就无力负载一个巨大的翅膀。因此，鹏在九万里的高空飞行，风就在它的身下了，凭借着风力，背负着青天，毫无阻挡，然后才开始朝南飞。蝉和小斑鸠讥笑鹏说：“我们奋力而飞，碰到榆树和檀树就停止，有时飞不上去，落在地上就是了。何必要飞到九万里的高空到南海去呢？”到近郊去的人，只带当天吃的三餐粮食，回来肚子还是饱饱的；到百里外的人，要用一整夜时间舂米准备干粮；到千里外的人，要聚积三个月的粮食。蝉和小斑鸠这两只小虫、鸟又知道什么呢。小智不能了解大智，短命的不能了解长寿的。怎么知道是这样的呢？朝生暮死的菌类了解一天。春生夏死、夏生秋死的寒蝉，不了解一年的时光，这就是短命。楚国的南方有一种大树叫作冥灵，它把五百年当作一个春季，五百年当作一个秋季。上古时代有一种树叫作大椿，它把八千年当作一个春季，八千年当作一个秋季，这就是长寿。可是彭祖到如今还是以年寿长久而闻名于世，人们希望与他齐寿，岂不可悲可叹！

心灵感悟

《逍遥游》在构思上采用了文学上的形象思维的写作手法，运用大量的浅近的寓言、神话、对话，手法丰富多彩。庄子的想象像匹骏马驰骋于宇宙，摄取与表达中心思想有关的妙趣横生的题材，生动、形象地宣传了他鄙视高官厚禄，否定现实，追求无己、无功、无名的绝对自由的思想。庄子逍遥人生观对世俗工具价值进行了批判，强调从宇宙的高度来把握人的存在，使人的精神从现实中升华，并且破除自我中心，从故步自封、自我局限的狭隘心境中摆脱出来。

经典诵读

二、前出师表

诸葛亮

臣亮言：先帝创业未半而中道崩殂[①]，今天下三分，益州疲弊，此诚危急存亡之秋也。然侍卫之臣不懈于内，忠志之士忘身于外者，盖追先帝之殊遇，欲报之于陛下也。诚宜开张圣听，以光先帝遗德，恢弘志士之气，不宜妄自菲薄，引喻失义，以塞忠谏之路也。

宫中府中，俱为一体；陟罚臧否[②]，不宜异同：若有作奸犯科及为忠善者，宜付有司论其刑赏，以昭陛下平明之理；不宜偏私，使内外异法也。

侍中、侍郎郭攸之、费祎、董允[③]等，此皆良实，志虑忠纯，是以先帝简拔以遗陛下：愚以为宫中之事，事无大小，悉以咨之，然后施行，必能裨补阙漏[④]，有所广益。

将军向宠，性行淑均，晓畅军事，试用于昔日，先帝称之曰“能”，是以众议举宠为督：愚以为营中之事，悉以咨之，必能使行阵和睦，优劣得所也。

亲贤臣，远小人，此先汉所以兴隆也；亲小人，远贤臣，此后汉所以倾颓也。先帝在时，每与臣论此事，未尝不叹息痛恨于桓、灵也。侍中、尚书、长史、参军，此悉贞亮死节之臣，愿陛下亲之信之，则汉室之隆，可计日而待也。

臣本布衣，躬耕于南阳，苟全性命于乱世，不求闻达于诸侯。先帝不以臣卑鄙，猥自枉屈[⑤]，三顾臣于草庐之中，咨臣以当世之事，由是感激，遂许先帝以驱驰。后值倾覆，受任于败军之际，奉命于危难之间，尔来二十有一年矣。

先帝知臣谨慎，故临崩寄臣以大事也。受命以来，夙夜忧叹，恐托付不效，以伤先帝之明。故五月渡泸，深入不毛。今南方已定，兵甲已足，当奖率三军，北定中原，庶竭驽钝[⑥]，攘除奸凶[⑦]，兴复汉室，还于旧都。此臣所以报先帝而忠陛下之职分也。至于斟酌损益[⑧]，进尽忠言，则攸之、祎、允之任也。

愿陛下托臣以讨贼兴复之效，不效，则治臣之罪，以告先帝之灵。若无兴德之言，则责攸之、祎、允等之慢，以彰其咎[⑨]。陛下亦宜自谋，以咨诹善道[⑩]，察纳雅言，深追先帝遗诏。臣不胜受恩感激。

今当远离，临表涕零，不知所言。

（选自吴楚材、吴调侯编，钱素洲译：《古文观止》，浙江教育出版社 2016 年版）

诵读指导

◎ 作者简介：

诸葛亮（181—234），字孔明，号卧龙，徐州琅琊阳都（今山东临沂市沂南县）人，三国时期蜀汉丞相，杰出的政治家、军事家、文学家、书法家、发明家。早年避乱于荆州，隐居陇亩，时称“卧龙”。刘备三顾茅庐，他提出联合孙权抗击曹操统一全国的建议。此后成为刘备的主要谋士。刘备称帝后，任丞相。刘禅继位，被封为武乡侯，领益州牧，主持朝政。后期志在北伐，频年出征，与曹魏交战，最后因病卒于五丈原。有《诸葛亮集》。

◎ 注释：

① 崩殂（cú）：死。崩：古时指皇帝死亡。殂：死亡。② 陟（zhì）：提升，奖励；罚：惩罚；臧否（pǐ）：善恶，这里用作动词，意思是评论人物好坏。③ 郭攸（yōu）之、费祎（yī）、董允：蜀汉名臣，深得诸葛亮、刘备器重。④ 必能裨补阙漏：一定能够弥补缺点和疏漏之处。裨（bì）：补；阙（quē），通“缺”，缺点，疏漏。⑤ 猥（wěi）：辱，这里有降低身份的意思；枉屈：枉驾屈就。⑥ 庶：希望；竭：竭尽；驽（nú）钝：比喻才能平庸，这是诸葛亮自谦的话；驽：劣马，走不快的马，指才能低劣。钝：刀刃不锋利。⑦ 攘（rǎng）除：排除，铲除；奸凶：奸邪凶恶之人，此指曹魏政权。⑧ 斟（zhēn）酌（zhuó）损（sǔn）益（yì）：斟情酌理、有所兴办。指做事要掌握分寸，（处理事务）斟酌情理，有所兴革。损：除去；益：兴办，增加。⑨ 以彰其咎（jiù）：揭示他们的过失。彰：表明，显扬；咎：过失，罪。⑩ 咨诹（zōu）善道：询问（治国的）良策。诹（zōu）：询问，咨询。

◎ 译文：

臣亮奏言：先帝创建一统大业还没有完成一半，就中途去世了。如今天下分为三国，我们蜀汉国力困弊，这真是危急存亡的时刻啊。然而侍卫臣僚在内勤劳不懈，忠心的将士在外舍生忘死，这是因为他们追念先帝的特殊恩遇，想在您的身上进行报答。您应该广泛听取臣下的意见，以发扬光大先帝遗留下的美德，激发志士的勇气，不应当妄自菲薄，言谈违背道义，以堵塞忠言进谏的道路。

宫禁中的侍卫、各府署的臣僚都是一个整体，赏罚褒贬，不应有所不同。如有作恶违法的人或行为忠善的人，都应该交给主管官吏评定对他们的惩奖，以显示陛下处理国事的公正严明，不应该有所偏爱，使宫内宫外执法不同。

侍中郭攸之、费祎，侍郎董允等人，都是善良诚实、心志忠贞纯洁的人，因此先帝选拔他们留给陛下。我认为宫中之事，无论大小，都去咨询他们，然后施行，必能弥补缺失，集思广益。

将军向宠，心性品德善良平和，又通晓军事。过去经过试用，先帝称赞他很有才能，因此众人商议推举他做中部督。我认为禁军营中的事都去咨问于他，必能使军队和睦，不同才能的人各得其所。

亲近贤臣，疏远小人，这是前汉所以兴盛的原因；亲近小人，疏远贤臣，这是后汉之所以衰败的原因。先帝在世时，每次与臣谈论这事，未尝不叹息遗憾于桓帝、灵帝时期的腐败。侍中、尚书、长史、参军，这些人都是忠贞善良、守节不逾的大臣。希望陛下亲近他们，信任他们，那么汉朝的复兴，就指日可待了。

我原本一个平民，在南阳亲自耕田。只想在乱世里苟全性命，不求在诸侯间扬名显身。先帝不因为我地位、身份低微，委屈自己三次到草庐中来拜访我，向我询问天下大事，因此我十分感动，而同意为先帝奔走效力。后来遭遇失败，我在军事失利之际接受任命，形势危急之时奉命出使，从这以来二十一年了。

先帝知道我做事谨慎，所以临终把国家大事托付给我。接受遗命以来，我日夜忧虑叹息，唯恐托付的事不能完成，有损于先帝的英明。因此五月渡泸南征，深入不毛之地。现在南方已经平定，兵甲已经充足，应当勉励统率三军，北定中原，以便竭尽我拙劣的能力，扫除奸邪，兴复汉室，返还旧都。这是我用以报答先帝、尽忠陛下的职责。至于处置日常之事，决定取舍损益，毫无保留地贡献忠言，那是郭攸之、费祎、董允的责任。

希望陛下把讨伐汉贼、兴复汉室的任务交给我去完成，若不能完成，就治我的罪，以告于先帝的英灵。如果不能进献增进圣德的忠言，那就责备郭攸之、费祎、董允的怠慢，以揭露他们的过失。陛下也应当自己多考虑，征询臣下的意见，考察并采纳正确的言论，深思先帝的遗诏。臣蒙受大恩，不胜感激。

现在即将远离，一边写表，一边流泪，真不知该说些什么。

心灵感悟

此文是奏章，内容是诸葛亮出师伐魏前向刘禅陈述意见，提出修明政治的主张。由于诸葛亮要让刘禅知道创业的艰难，激励他立志完成先帝未竟的大业，因而文中兼叙了自己的身世和追随先帝的原因以及以身许国的经过。又由于诸葛亮对刘氏父子无限忠诚，披肝沥胆相待，因而言词充满着殷切期望之情。全文既晓之以理，又动之以情。全篇文字从作者肺腑中流出，析理透辟，真情充溢，感人至深。

经典诵读

三、诫[①]子书

诸葛亮

夫[②]君子之行，静以修身，俭以养德。非淡泊[③]无以明志，非宁静无以致远。夫学须静也，才须学也，非学无以广才，非志无以成学。淫慢则不能励精[④]，险躁则不能治性[⑤]。年与时驰，意与日去，遂成枯落，多不接世，悲守穷庐，将复何及！

（选自陈振鹏、章培恒主编：《古文鉴赏辞典》，上海辞书出版社 1997 年版）

诵读指导

◎ **注释：**

① 诫：告诫，劝勉，劝人警惕。② 夫（fú）：段首或句首发语词，引出下文的议论，无实在的意义。③ 淡泊：清静而不贪图功名利禄。④ 淫慢：放纵懈怠。慢：懈怠，懒惰。励精：振奋精神，尽心，专心。励：振奋。⑤ 治，修养；一说通“冶”。

◎ **译文：**

君子的行为操守，以宁静来提高自身的修养，以节俭来培养自己的品德。不淡泊名利就无法明确志向，身心不宁静就无法达到远大目标。学习必须静心专一，而才干来自学习。所以不学习就无法增长才干，没有宁静的心就无法使学习有所成就。放纵懒散就无法振奋精神，急躁冒险就不能陶冶性情。年华随时光而飞驰，意志随岁月而流逝。最终枯败零落，对社会没有用处，只能悲哀地坐守着那穷困的居舍，其时悔恨又怎么来得及？

心灵感悟

古代家训，大都浓缩了作者毕生的生活经历、人生体验和学术思想等方面内容，不仅他的子孙从中获益颇多，就是今人读来也大有可借鉴之处。三国时蜀汉丞相诸葛亮被后人誉为“智慧之化身”，他的《诫子书》也可谓是一篇充满智慧之语的家训，是古代家训中的名作。文章阐述修身养性、治学做人的深刻道理，读来发人深省。它也可以看作是诸葛亮对其一生的总结，后来更成为修身立志的名篇。

经典诵读

四、兰亭集序

王羲之

永和九年，岁在癸丑[①]，暮春之初，会于会稽山阴之兰亭，修禊[②]事也。群贤毕至，少长[③]咸集。此地有崇山峻岭，茂林修竹，又有清流激湍[④]，映带左右，引以为流觞曲水[⑤]，列坐其次。虽无丝竹管弦之盛，一觞[⑥]一咏，亦足以畅叙幽情。

是日也，天朗气清，惠风和畅。仰观宇宙之大，俯察品类之盛，所以游目骋怀，足以极视听之娱，信可乐也。

夫人之相与，俯仰一世。或取诸怀抱，悟言一室之内；或因寄所托，放浪形骸之外。虽趣舍万殊，静躁不同，当其欣于所遇，暂得于己，快然自足，不知老之将至；及其所之既倦，情随事迁，感慨系之矣。向之所欣，俯仰之间，已为陈迹，犹不能不以之兴怀，况修短随化，终期于尽！古人云："死生亦大矣。"岂不痛哉！

每览昔人兴感之由，若合一契，未尝不临文嗟悼[⑦]，不能喻之于怀。固知一死生为虚诞，齐彭殇为妄作。后之视今，亦犹今之视昔，悲夫！故列叙时人，录其所述，虽世殊事异，所以兴怀，其致一也。后之览者，亦将有感于斯文。

（选自吴楚材、吴调侯编，钱素洲译：《古文观止》，浙江教育出版社 2016 年版）

诵读指导

◎ **作者简介：**

王羲之（321—379），字逸少，东晋时期著名书法家，有"书圣"之称，琅琊临沂（今山东临沂）人，后迁会稽山阴（今浙江绍兴），晚年隐居剡县金庭。历任秘书郎、宁远将军、江州刺史，后为会稽内史，领右将军。其书法兼善隶、草、楷、行各体，精研体势，心摹手追，广采众长，备精诸体，冶于一炉，摆脱了汉魏笔风，自成一家，影响深远。风格平和自然，笔势委婉含蓄，遒美健秀。代表作《兰亭序》被誉为“天下第一行书”。在书法史上，他与其子王献之合称为“二王”。

◎ **注释**：

① 癸（guǐ）丑（chǒu）：为干支之一，顺序为第50个。前一位是壬子，后一位是甲寅。② 修（xiū）禊（xì）：古代民俗于农历三月上旬的巳日（三国魏以后始固定为三月初三）到水边嬉戏，以祓除不祥，称为修禊。③ 少（shào）长（zhǎng）：指年长的和年少的人。④ 激湍（tuān）：急流。⑤ 流（liú）觞（shāng）曲水：所谓“流觞曲水”，是选择一风雅静僻所在，文人墨客按秩序安坐于潺潺流波之曲水边，一人置盛满酒的杯子于上流使其顺流而下，酒杯止于某人面前即取而饮之，再乘微醉或啸吟或援翰，作出诗来。⑥ 觞（shāng）：古代酒器。⑦ 嗟（jiē）悼（dào）：哀伤悲叹。

◎ **译文**：

永和九年，是癸丑之年，阴历三月初的暮春，（我们）会集在会稽山阴的兰亭，是为了从事修禊祭礼。众多贤才都汇聚在这里，年长的年少的都聚集在一起。兰亭这地方有高峻的山峰，高大茂密的竹林。又有清澈湍急的溪流，如同青罗带一般环绕在亭子的四周，（我们）引（清流激湍）来作为流觞的曲水，列坐在曲水旁边。虽然没有演奏音乐的盛况，（但）喝点酒，作点诗，也足以令人抒发内心深处的情意。

这一天，天气晴明爽朗，春风和暖畅快。向上看，天空广大无边，向下看，地上事物如此繁多，借以纵展眼力，开畅胸怀，尽情享受视听的乐趣，实在是快乐呀！

人们共同生活在世间，很快便度过一生。有的人喜欢在室内畅谈自己的胸怀抱负；有的人在自己所爱好的事物上寄托自己的情怀，不受任何拘束，放纵无羁地生活。虽然取舍爱好各不相同，性格的安静与躁动也不同，（可是）当他们对所接触的事物感到高兴时，一时感到自得，感到高兴和自足，不觉得老年即将到来；等到（对于）那些所得到的东西已经厌倦，感情随着事物的变化而改变，感慨随之而产生。过去自己喜爱之物，转眼之间成为旧迹，但仍然不能不因它引起心中的感触，何况人的寿命的长短，听凭造化，最终归结于消亡呢！古人说：“死生也是一件大事。”怎么能不悲痛呢？

每当看到古人（对死生的大事）发生感慨的原因，（便会发现它们和我所感慨的）像符契那样相合，读他们的文章没有不使我感叹悲伤的，（却）不能明白于心。因此知道把死和生等同起来的说法是不真实的，把长寿和短命等同起来的说法是妄造的。后代的人看现在，也正如同我们今天看过去一样，这真是可悲呀！所以我一个一个记下当时参加聚会的人，抄录下他们作的诗赋，即使时代变了，世事不同了，但是人们兴发感慨的缘由、人们的思想情趣是一样的。后世的读者，也将会感慨于这次集会的诗文。

心灵感悟

《兰亭集序》讲述的是作者摆脱了各种俗务的纠缠，邀集自己的新朋旧友，来到一处山水胜地，或游赏或吟咏或畅饮，感受难得的快乐。面对自然美景，人会感到一种由衷的愉悦与兴奋，一种解放感、自足感会油然而生。对于那些善感的心灵更是如此。《兰亭集序》雅而不涩，浅而不俗。文中蕴含着深厚的哲理思考和人生感悟，简单地说，《兰亭集序》一文，“死生亦大矣”是主旨，而“兴尽悲来”是主线。

经典诵读

五、归去来兮辞（并序）

陶渊明

余家贫，耕植不足以自给。幼稚盈室，缾[①]无储粟，生生所资，未见其术。亲故多劝余为长吏，脱然有怀，求之靡途。会有四方之事，诸侯以惠爱为德，家叔以余贫苦，遂见用于小邑。于时风波未静，心惮远役，彭泽去家百里，公田之利，足以为酒。故便求之。及少日，眷然有归欤之情。何则？质性自然，非矫厉所得。饥冻虽切，违己交病。尝从人事，皆口腹自役。于是怅然慷慨，深愧平生之志。犹望一稔，当敛裳宵逝。寻程氏妹丧于武昌，情在骏奔，自免去职。仲秋至冬，在官八十余日。因事顺心，命篇曰归去来兮。乙巳岁十一月也。

归去来兮，田园将芜胡不归？既自以心为形役，奚惆怅而独悲？悟已往之不谏，知来者之可追。实迷途其未远，觉今是而昨非。舟遥遥以轻飏[②]，风飘飘而吹衣。问征夫以前路，恨晨光之熹微。

乃瞻衡宇，载欣载奔。僮仆欢迎，稚子候门。三径就荒，松菊犹存。携幼入室，有酒盈樽。引壶觞以自酌，眄庭柯以怡颜[③]。倚南窗以寄傲，审容膝之易安。园日涉以成趣，门虽设而常关。策扶老以流憩，时矫首而遐观。云无心以出岫，鸟倦飞而知还。景翳翳以将入[④]，抚孤松而盘桓。

归去来兮，请息交以绝游。世与我而相违，复驾言兮焉求？悦亲戚之情话，乐琴书以消忧。农人告余以春及，将有事于西畴。或命巾车，或棹孤舟[⑤]。既窈窕以寻壑，亦崎岖而经丘。木欣欣以向荣，泉涓涓而始流。善万物之得时，感吾生之行休。

已矣乎！寓形宇内复几时？曷不委心任去留？胡为乎遑遑欲何之？富贵非吾愿，帝乡不可期。怀良辰以孤往，或植杖而耘耔。登东皋以舒啸[6]，临清流而赋诗。聊乘化以归尽，乐夫天命复奚疑！

（选自陈振鹏、章培恒主编：《古文鉴赏辞典》，上海辞书出版社 1997 年版）

诵读指导

◎ 作者简介：

陶渊明（365—427），东晋诗人、辞赋家、散文家。一名潜，字元亮，私谥靖节。浔阳柴桑（治今江西九江）人。《晋书》《宋书》均谓其为陶侃曾孙。曾任江州祭酒、镇军参军、彭泽令等，后去职归隐，绝意仕途。

陶渊明长于诗文辞赋。诗多描绘田园风光及其在农村生活的情景，其中往往隐喻着对污浊官场的厌恶和不愿同流合污的精神以及对太平社会的向往，也写对人生短暂的焦虑和顺应自然、乐天安命的人生观念，有较多哲理成分。其艺术特色兼有平淡与爽朗之胜。语言质朴自然而又颇为精练，具有独特风格。有《陶渊明集》。

◎ 注释：

① 缾（píng）：同“瓶”，指盛米用的陶制容器。② 舟遥遥以轻飏（yáng）：船在水面上轻轻地飘荡着前进。遥遥：摇摆不定的样子。以：而。飏：飞扬，形容船行驶轻快的样子。③ 眄（miǎn）庭柯以怡颜：看看院子里的树木，觉得很愉快。眄：斜看，这里是“随便看看”的意思。柯：树枝。以：为了。怡颜：使面容现出愉快神色。④ 景翳（yì）翳以将入：阳光黯淡，太阳快落下去了。景：日光。翳翳：阴暗的样子。⑤ 或棹（zhào）孤舟：有时划一艘小船。棹：本义船桨，这里名词作动词，意为划桨。⑥ 登东皋（gāo）以舒啸：登上东面的高地放声长啸，皋：高地。啸：撮口发出的长而清越的一种声音。舒：放。

◎ 译文：

我家贫穷，耕田植桑不足以供自己生活。孩子很多，米缸里没有剩余的粮食，赖以维持生计的本领我还没有找到。亲友大都劝我去做官，我心里也有这个念头，可是求官缺少门路。正赶上出使到外地的事情，地方大吏以爱惜人才为美德，叔父也因为我家境贫苦替我设法，我就被委任到小县做官。那时社会上动荡不安，我心里惧怕到远处当官。彭泽县离家一百里，公田收获的粮食，足够造酒饮用，所以我就请求去那里。等到过了一些日子，便产生了留恋故园的怀乡感情。那是为什么？

本性任其自然，这是勉强不得的；饥寒虽是急需解决的问题，但是违背本意去做官，身心都感痛苦。过去为官做事，都是为了吃饭而役使自己。于是惆怅感慨，心情激动不平，觉得自己深深有愧于平生的志愿。我仍然希望看到这一茬庄稼成熟，便收拾行装连夜离去。不久，嫁到程家的妹妹在武昌去世，我去吊丧的心情像骏马奔驰一样急迫，所以自己请求免去官职。自立秋第二个月到冬天，在职共八十多天。因辞官而顺遂了心愿，我写了一篇文章，题目叫“归去来兮”。乙巳年十一月。

回去吧！田园都将要荒芜了，为什么不回去呢？既然自己的心灵被躯壳所役使，那为什么悲愁失意？我明悟过去的错误已不可挽回，但明白未发生的事尚可补救。我确实入了迷途，但不算太远，已觉悟如今的选择是正确的，而曾经的行为才是错误的。船在水面轻轻地飘荡着，轻快前行，风轻飘飞舞，吹起了衣袂翩翩。我向行人询问前面的路，遗憾天刚刚放亮。

终于看到了自己的家，心中欣喜，奔跑过去。家僮欢快地迎接我，幼儿们守候在门庭等待。院子里的小路快要荒芜了，松菊还长在那里。我带着孩子们进入屋室，早有清酿溢满了酒樽。我端起酒壶酒杯自斟自饮，看看院子里的树木，觉得很愉快。倚着南窗寄托傲然自得的心情，觉得住在简陋的小屋里也非常舒服。天天到院子里走走，自成一种乐趣，小园的门经常是关着的。拄着拐杖出去走走，随时随地休息，时时抬头望着远方。云气自然而然地从山里冒出，倦飞的小鸟也知道飞回巢中。阳光黯淡，太阳快落下去了，我手抚孤松徘徊。

回来呀！我要跟世俗之人断绝交游。世事与我所想的相违背，还能努力探求什么呢？以亲人间的知心话为愉悦，以弹琴读书为乐来消除忧愁。农夫告诉我春天到了，西边田野里要开始耕种了。有时叫上一辆有帷的小车，有时划着一艘小船。有时经过幽深曲折的山谷，有时走过高低不平的山路。草木茂盛，水流细微。羡慕自然界的万物一到春天便及时生长茂盛，感叹自己的一生行将结束。

算了吧！活在世上还能有多久，为什么不放下心来任其自然地生死？为什么心神不定，想要到哪里去？富贵不是我所求，修成神仙是没有希望的。趁着春天美好的时光，独自外出。有时放下手杖，拿起农具除草培土。登上东边的高岗放声呼啸，傍着清清的溪流吟诵诗篇。姑且顺其自然走完生命的路程，抱定乐安天命的主意，还有什么可犹疑的呢！

心灵感悟

《归去来兮辞》是晋宋之际文学家陶渊明创作的抒情小赋，也是一篇脱离仕途回归田园的宣言。这篇文章作于作者辞官之初，叙述了他辞官归隐后的生活情趣和内心感受，表现了他对官场的认识以及对人生的思索，表达了他洁身自好、不同流合污的情操。作品通过描写具体的景物和活动，创造出一种宁静恬适、乐天自然的意境，寄托了他的生活理想。语言朴素，辞意畅达，匠心独运而又通脱自然，感情真挚，意境深远，有很强的感染力。

经典诵读

六、桃花源记

陶渊明

晋太元中，武陵人捕鱼为业。缘溪行，忘路之远近。忽逢桃花林，夹岸数百步，中无杂树，芳草鲜美，落英缤纷。渔人甚异之。复前行，欲穷其林。林尽水源，便得一山，山有小口，仿佛若有光。便舍船，从口入。初极狭，才通人。复行数十步，豁然开朗。土地平旷，屋舍俨然①，有良田美池桑竹之属。阡陌交通②，鸡犬相闻。其中往来种作，男女衣着，悉如外人。黄发垂髫③，并怡然自乐。见渔人，乃大惊，问所从来，具答之。便要还家，设酒杀鸡作食。村中闻有此人，咸来问讯。自云先世避秦时乱，率妻子邑人来此绝境，不复出焉，遂与外人间隔④。问今是何世，乃不知有汉，无论魏晋。此人一一为具言所闻，皆叹惋。余人各复延至其家，皆出酒食。停数日，辞去。此中人语云："不足为外人道也。"

既出，得其船，便扶向路，处处志之。及郡下，诣⑤太守，说如此。太守即遣人随其往，寻向所志，遂迷，不复得路。

南阳刘子骥，高尚士也，闻之，欣然规往。未果，寻病终，后遂无问津者。

（选自龚望著：《陶渊明集评议》，南开大学出版社 2011 年版）

诵读指导

◎ **注释：**

① 俨（yǎn）然：整齐的样子。② 阡（qiān）陌（mò）交通：田间小路交错相通。阡陌：田间小路，南北走向的叫阡，东西走向的叫陌。交通：交错相通。③ 黄发垂髫（tiáo）：老人和小孩。黄发：旧说是长寿的象征，用以指老人。垂髫：垂下来的头发，用来指小孩子。髫：小孩垂下的短发。④ 间（jiàn）隔（gé）：间断隔绝。

⑤ 诣（yì）：到。特指到尊长那里去。

◎ 译文：

东晋太元年间，武陵郡有个人以打鱼为生。一天，他顺着溪水行船，忘记了路程的远近。忽然遇到一片桃花林，生长在溪水的两岸，长达几百步，中间没有别的树，花草鲜嫩美丽，落花纷纷散在地上。渔人对此（眼前的景色）感到十分诧异，继续往前行船，想走到林子的尽头。桃林的尽头就是溪水的发源地，出现一座山，山上有个小洞口，洞里仿佛有点光亮。于是他下了船，从洞口进去了。起初洞口很狭窄，仅容一人通过。又走了几十步，突然变得开阔明亮了。（呈现在他眼前的是）一片平坦宽广的土地，一排排整齐的房舍。还有肥沃的田地、美丽的池沼，桑树竹林之类的。田间小路交错相通，鸡鸣狗叫到处可以听到。人们在田野里来来往往耕种劳作，男女的穿戴跟桃花源以外的世人完全一样。老人和小孩们个个都安适愉快，自得其乐。村里的人看到渔人，感到非常惊讶，问他是从哪儿来的。渔人详细地做了回答。村里有人就邀请他到自己家里去（做客），设酒杀鸡做饭来款待他。村里的人听说来了这么一个人，就都来打听消息。他们自己说他们的祖先为了躲避秦时的战乱，领着妻子儿女和乡邻来到这个与人世隔绝的地方，不再出去，因而跟外面的人断绝了来往。他们问渔人现在是什么朝代，他们竟然不知道有过汉朝，更不必说魏晋两朝了。渔人把自己知道的事一一详尽地告诉了他们，听完以后，他们都感叹惋惜。其余的人各自又把渔人请到自己家中，都拿出酒饭来款待他。渔人停留了几天，向村里人告辞离开。村里的人对他说："我们这个地方不值得对外面的人说啊！"

渔人出来以后，找到了他的船，就顺着旧路回去，处处都做了标记。到了郡城，到太守那里去，报告了这番经历。太守立即派人跟着他去，寻找以前所做的标记，然而最终却迷失了方向，再也找不到通往桃花源的路了。

南阳人刘子骥是个志向高洁的隐士，听到这件事后，高兴地计划前往。但没有实现，不久因病去世了。此后就再也没有去访求桃花源的人了。

心灵感悟

此文艺术构思精巧，借武陵渔人行踪这一线索，把现实和理想境界联系起来。采用虚写、实写相结合的手法，为故事增添了神秘感。语言生动简练、隽永，看似轻描淡写，但其中的描写使得景物历历在目，令人神往。文章有详有略，中心突出。

《桃花源记》的故事和其他仙境故事有相似之处，描写了一个美好的世外仙界。不过应当强调的是，陶渊明所提供的理想模式有其特殊之处：在那里生活着的其实是普普通通的人，一群避难的人，而不是神仙，只是比世人多保留了天性的真淳而已。他们的和平、宁静、幸福，都是通过自己的劳动取得的。古代的许多仙话，描绘的是长生和财宝，桃花源里既没有长生也没有财宝，只有一片农耕的景象。陶渊明归隐之初想到的还只是个人的进退清浊，写《桃花源记》时已经不限于个人，而想到整个社会的出路和广大人民的幸福。陶渊明迈出这一步与多年的躬耕和贫困的生活体验有关。虽然桃花源只是空想，只是作者理想当中的社会，但是能提出这个空想是难能可贵的。

经典诵读

七、将[1]进酒

李白

君不见，黄河之水天上来，奔流到海不复回。
君不见，高堂明镜悲白发，朝如青丝暮成雪。
人生得意须尽欢，莫使金樽空对月。
天生我材必有用，千金散尽还复来。
烹羊宰牛且为乐，会须一饮三百杯。
岑夫子，丹丘生，将进酒，杯莫停。
与君歌一曲，请君为我倾耳听。
钟鼓馔[2]玉不足贵，但愿长醉不复醒。
古来圣贤皆寂寞，惟有饮者留其名。
陈王昔时宴平乐，斗酒十千恣欢谑[3]。
主人何为言少钱，径须沽取对君酌。
五花马，千金裘，呼儿将出换美酒，与尔同销万古愁。

（选自郁贤皓编选：《李白集》，凤凰出版社 2014 年版）

诵读指导

◎ **作者简介：**

李白（701—762），字太白，号青莲居士，又号“谪仙人”，是唐代伟大的浪漫主义诗人，被后人誉为“诗仙”，与杜甫并称为“李杜”。其人爽朗大方，爱饮酒作诗，喜交友。李白深受黄老列庄思想影响，有《李太白集》传世，代表作有《望庐山瀑布》《行路难》《蜀道难》《将进酒》《梁甫吟》《早发白帝城》等多首。

◎ **注释：**

① 将（qiāng）：请。② 馔（zhuàn）玉：形容食物如玉一样精美。③ 谑（xuè）：戏。

◎ **译文：**

君不是见过黄河之水从天而降吗？它滔滔直下，奔流到海，一去不回。君不是见过高堂明镜中的满头白发吗？它早晨还如青丝一般的黑柔，晚上就变得雪一般的白了。人生如梦，得意时一定要趁着大好时机尽情行乐啊，不要让手中的酒杯空对着月亮。天生我材，必有大用。千金算得了什么，散去了还能再回来！烹羊宰牛，尽情地欢乐吧，要喝就一下子喝它三百杯。岑老夫子，丹丘生，快喝啊，不要停杯！我给你们唱一首歌，请你们倾耳细听。什么钟鸣鼎食之乐呀，什么金玉美食之筵呀，这些富贵荣华都如过眼烟云，有什么可贵？我所要的是杯中酒不空，长醉永不醒。自古以来圣人贤士皆被世人冷落，唯有寄情于酒的饮者才能留下美名。从前陈思王在平乐观大宴宾客，每斗价值十千的美酒尽情地欢饮。主人你不用担忧钱少！将大坛子酒端过来，尽情地让大家喝！我儿，你快过来，将家中的五花马和千金裘都取将过来，统统地换酒喝，我要与诸君喝他个一醉方休，同消这胸中的万古之愁啊！

心灵感悟

《将进酒》是唐代大诗人李白沿用乐府古题创作的一首诗。此诗为李白长安放还以后所作，思想内容非常深沉，艺术表现非常成熟，在同题作品中影响最大。诗人豪饮高歌，借酒消愁，抒发了忧愤深广的人生感慨。诗中交织着失望与自信、悲愤与抗争的情怀，体现出强烈的豪纵狂放的个性。

经典诵读

八、行路难三首

李白

其一

金樽[①]清酒斗十千，玉盘珍羞直万钱。
停杯投箸[②]不能食，拔剑四顾心茫然。
欲渡黄河冰塞川，将登太行雪满山。
闲来垂钓碧溪上，忽复乘舟梦日边。
行路难！行路难！多歧路，今安在？
长风破浪会有时，直挂云帆济沧海。

其二

大道如青天，我独不得出。
羞逐长安社中儿，赤鸡白狗赌梨栗。
弹剑作歌奏苦声，曳裾王门不称情。
淮阴市井笑韩信，汉朝公卿忌贾生。
君不见昔时燕家重郭隗[③]，拥彗[④]折节无嫌猜。
剧辛乐毅感恩分，输肝剖胆效英才。
昭王白骨萦[⑤]蔓草，谁人更扫黄金台？
行路难，归去来！

其三

有耳莫洗颍[⑥]川水，有口莫食首阳蕨。
含光混世贵无名，何用孤高比云月？
吾观自古贤达人，功成不退皆殒身。
子胥既弃吴江上，屈原终投湘水滨。
陆机雄才岂自保？李斯税驾苦不早。
华亭鹤唳[⑦]讵[⑧]可闻？上蔡苍鹰何足道？
君不见吴中张翰称达生，秋风忽忆江东行。
且乐生前一杯酒，何须身后千载名？

（选自郁贤皓编选：《李白集》，凤凰出版社2014年版）

诵读指导

◎ **注释：**

① 樽（zūn）：古代盛酒的器具。② 箸（zhù）：筷子。③ 郭隗（wěi）：战国中期燕国大臣。④ 拥彗（huì）：拿着扫帚在人前扫地引路，以示对人的尊重。⑤ 萦（yíng）：缭绕，缠绕。⑥ 颍（yǐng）：水名，源于河南。⑦ 唳（lì）：鹤、雁等鸟高亢的鸣叫。⑧ 讵（jù）：岂，怎。

◎ **译文：**

其一

金杯中的美酒一斗价十千，玉盘里的菜肴珍贵值万钱。但心情愁烦使得我放下杯筷，不愿进餐。拔出宝剑环顾四周，心里一片茫然。想渡过黄河，坚冰堵塞河川；想登上太行山，大雪遍布高山。遥想当年，姜太公磻溪垂钓，得遇重才的文王；伊尹乘舟梦日，受聘在商汤身边。人生的道路何等艰难，何等艰难，歧路纷杂，真正的大道究竟在哪边？我坚信乘风破浪的时机定会到来，到那时，我将扬起征帆远渡碧海青天。

其二

大道虽宽广如青天，唯独没有我的出路。我不愿意追随长安城中的富家子弟，去搞斗鸡走狗一类的赌博游戏。像冯谖那样弹剑作歌发牢骚，在权贵之门卑躬屈节，那不合我心意。韩信发迹之前被淮阴市井之徒讥笑，贾谊才能超群却遭汉朝公卿妒忌。君不见古时燕昭王重用郭隗，拥彗折节、谦恭下士，毫不嫌疑猜忌。剧辛和乐毅感激知遇的恩情，竭忠尽智，以自己的才能为君主效力。而今燕昭王之白骨已隐于荒草之中，还有谁能像他那样重用贤士呢？世路艰难，我只得归去啦！

其三

不要学许由用颍水洗耳，不要学伯夷和叔齐隐居首阳采薇而食。在世上活着贵在韬光养晦，为什么要隐居清高自比云月？ 我看自古以来的贤达之人，功绩告成之后不自行隐退都死于非命。伍子胥被吴王弃于吴江之上，屈原最终抱石自沉汨罗江中。陆机如此雄才大略也无法自保，李斯也终得悲惨的结局。陆机是否还能听见华亭别墅间的鹤唳？李斯是否还能在上蔡东门牵鹰打猎？君不见，吴中的张翰是个旷达之人，因见秋风起而想起江东故都便辞官回乡。生时有一杯酒就应尽情欢乐，何须在意身后千年的虚名？

心灵感悟

《行路难三首》是唐代伟大诗人李白的组诗作品。这三首诗抒写了诗人在政治道路上遭遇艰难后的感慨，反映了诗人在思想上既不愿同流合污又不愿独善一身的矛盾。正是这种无法解决的矛盾所激起的感情波涛使组诗气象非凡。诗中跌宕起伏的感情、跳跃式的思维以及高昂的气势，又使作品具有独特的艺术魅力，成为广为传诵的千古名篇。

经典诵读

九、小石城山记

柳宗元

自西山道口径北，逾黄茅岭而下，有二道：其一西出，寻之无所得；其一少[①]北而东，不过四十丈，土断而川分，有积石横当其垠[②]。其上为睥睨[③]、梁欐[④]之形，其旁出堡坞[⑤]，有若门焉。窥之正黑，投以小石，洞然有水声，其响之激越，良久乃已。环之可上，望甚远，无土壤而生嘉树美箭，益奇而坚，其疏数偃仰，类智者所施设也。

噫！吾疑造物者之有无久矣。及是，愈以为诚有。又怪其不为之中州，而列是夷狄，更千百年不得一售其伎，是固劳而无用。神者傥不宜如是，则其果无乎？或曰："以慰夫贤而辱于此者。"或曰："其气之灵，不为伟人，而独为是物，故楚之南少人而多石。"是二者，余未信之。

（选自吕晴飞主编：《唐宋八大家散文鉴赏辞典》，中国妇女出版社1991年版）

诵读指导

◎ **作者简介：**

柳宗元（773—819），字子厚，唐代文学家、思想家，祖籍河东（今山西省芮城、运城一带）。柳出身于官宦家庭，少有才名，早有大志。早年为考进士，文以辞采华丽为工，后专心散文创作，为唐宋八大家之一。柳宗元与韩愈共同倡导唐代古文运动，并称“韩柳”。刘禹锡与之并称“刘柳”。王维、孟浩然、韦应物与之并称“王孟韦柳”。柳宗元一生留下600多篇诗文作品，其哲学思想。中具有朴素的唯物论成分，政治思想主要表现为重“势”的社会历史观和儒家的民本思想。其文学作品语言朴素自然、风格淡雅而意味深长，代表作有《黔之驴》《捕蛇者说》《永州八记》及绝句《江雪》等。

◎ 注释：

① 少（shāo）北而东：稍向北又向东去。少：通“稍”。② 横当其垠（yín）：横着挡在路的尽头。③ 睥（pì）睨（nì）：同“埤堄”，城墙上如齿状的矮墙。④ 梁㮰（lì）：栋梁，这里指架支着的梁栋。㮰：栋，正梁。⑤ 堡坞（wù）：小城堡，此处是指由山石天然形成的小城堡。因此作者称其“小石城山”。

◎ 译文：

从西山路口一直向北走，越过黄茅岭往下走，有两条路：一条向西走，沿着它走过去什么也得不到；另一条稍微偏北而后向东，走了不到四十丈，路就被一条河流截断了，有积石横挡在这条路的尽头。石山顶部天然生成矮墙和栋梁的形状，旁边又凸出一块好像堡垒，有一个像门的洞。从洞口往里探望一片漆黑，丢一块小石子进去，有咚咚的水响声，那声音很洪亮，好久才消失。石山可以盘绕着登到山顶，站在上面望得很远。山上没有泥土却长着很好的树木和竹子，更显得形状奇特、质地坚硬。竹木分布疏密有致、高低参差，好像是有智慧的人特意布置的。

唉！我怀疑造物者的有无已很久了，到了这儿更以为造物者确实是有的。但又奇怪他不把这小石城山安放到（人烟辐辏的）中原地区去，却把它摆在这（荒僻遥远的）蛮夷之地，即使经过千百年也没有一次可以显示自己奇异景色的机会，这简直是白耗力气而毫无用处。神灵的造物者似乎不会这样做的，所以造物者果真是没有的吧？有人说：“（造物者之所以这样安排是）用这佳胜景色来安慰那些被贬逐在此地的贤人的。”也有人说：“这地方山川钟灵之气不孕育伟人，而唯独凝聚成这奇山胜景，所以楚地的南部少出人才而多产奇峰怪石。”这两种说法，我都不信。

心灵感悟

《小石城山记》是唐代文学家柳宗元创作的一篇散文，是《永州八记》的最后一篇。这篇散文先详细描绘了小石城山的形状、布局，突出其酷似石城，赞叹山石树木的疏密仰伏，好像高明者有意设计、布置的，然后自然转入关于“造物主之有无”这一重大哲学命题的议论。这篇散文写景生动形象，抒情自然，说理直接，将自己内心怀才不遇的苦闷寄予在景物描写中，借景抒情，情曲旨远。

经典诵读

十、岳阳楼记

范仲淹

庆历四年春，滕子京谪守巴陵郡。越明年，政通人和，百废具兴。乃重修岳阳楼，增其旧制，刻唐贤今人诗赋于其上。属予作文以记之①。

予观夫巴陵胜状，在洞庭一湖。衔远山，吞长江，浩浩汤汤②，横无际涯；朝晖夕阴，气象万千。此则岳阳楼之大观也，前人之述备矣。然则北通巫峡，南极潇湘，迁客骚人，多会于此，览物之情，得无异乎？

若夫淫雨霏霏，连月不开，阴风怒号，浊浪排空；日星隐曜，山岳潜形；商旅不行，樯倾楫摧；薄暮冥冥，虎啸猿啼。登斯楼也，则有去国怀乡，忧谗畏讥，满目萧然，感极而悲者矣。

至若春和景明，波澜不惊，上下天光，一碧万顷；沙鸥翔集，锦鳞游泳；岸芷汀兰③，郁郁青青。而或长烟一空，皓月千里，浮光跃金，静影沉璧，渔歌互答，此乐何极！登斯楼也，则有心旷神怡，宠辱皆忘，把酒临风，其喜洋洋者矣。

嗟④夫！予尝求古仁人之心，或异二者之为，何哉？不以物喜，不以己悲。居庙堂之高则忧其民；处江湖之远则忧其君。是进亦忧，退亦忧。然则何时而乐耶？其必曰"先天下之忧而忧，后天下之乐而乐"乎。噫！微斯人，吾谁与归？

时六年九月十五日。

（选自吴楚材、吴调侯编，钱素洲译：《古文观止》，浙江教育出版社 2016 年版）

诵读指导

◎ **作者简介：**

范仲淹（989—1052），字希文，谥文正，亦称范履霜，北宋著名文学家、政治家、军事家、教育家。祖籍邠州（今陕西省彬县），后迁居苏州吴县。他为政清廉，体恤民情，刚直不阿，力主改革，屡遭奸佞诬谤，数度被贬。他的文学素养很高，著名的《岳阳楼记》中"先天下之忧而忧，后天下之乐而乐"为千古名句。皇祐四年（1052 年）病逝于徐州，终年 63 岁。于是年十二月葬于河南洛阳东南万安山，封楚国公、魏国公，有《范文正公集》等传世。

◎ **注释：**

① 属（zhǔ）：通“嘱”，嘱托、嘱咐。予（yú）：我。作文：写文章。以：连词，用来。记：记述。② 浩浩汤（shāng）汤（shāng）：水波浩荡的样子。汤汤：水流大而急。③ 岸芷（zhǐ）汀（tīng）兰：岸上的小草，小洲上的兰花。芷：香草的一种。汀：小洲，水边平地。④ 嗟（jiē）夫：唉。嗟、夫为两个词，皆为语气词。

◎ **译文：**

庆历四年春天，滕子京被降职到岳州做太守。到了第二年，政务顺利，百姓和乐，各种荒废了的事业都兴办起来了。于是重新修建岳阳楼，扩展它原有的规模，把唐代名家和今人的诗赋刻在上面。嘱咐我写一篇文章来记述这件事。

我看那巴陵郡的美景，全在洞庭湖上。洞庭湖包含远方的山脉，吞吐着长江的流水，浩浩荡荡，宽阔无边。清晨湖面上洒满阳光，傍晚又是一片阴暗，景物的变化无穷无尽。这就是岳阳楼雄伟壮丽的景象。前人对这些景象的记述已经很详尽了。虽然这样，这里北面通向巫峡，南面直到潇水、湘江，被降职远调的人员和吟诗作赋的诗人，大多在这里聚会，观赏这里的自然景物而触发的感情，大概会有所不同吧？

像那连绵细雨纷纷而下，整月不放晴的时候，阴冷的风怒吼着，浑浊的波浪冲向天空；日月星辰隐藏起光辉，山岳也隐没了形迹；商人和旅客无法通行，桅杆倒下，船桨折断；傍晚时分天色昏暗，只听到老虎的吼叫和猿猴的悲啼。这时登上这座楼，就会产生被贬官离开京城，怀念家乡，担心人家说坏话，惧怕人家讥讽的心情，再抬眼望去尽是萧条冷落的景象，一定会感慨万千而十分悲伤了。

到了春风和煦、阳光明媚时，湖面波平浪静，天色与湖光相接，一片碧绿，广阔无际；沙洲上的白鸥，时而飞翔时而停歇，美丽的鱼儿或浮或沉；岸上的小草，小洲上的兰花，香气浓郁，颜色青翠。有时湖面上的大片烟雾完全消散，皎洁的月光一泻千里，有时湖面上微波荡漾，浮动的月光闪着金色；有时湖面波澜不起，静静的月影像沉在水中的玉璧。渔夫的歌声响起了，一唱一和，这种乐趣真是无穷无尽！这时登上这座楼，就会感到胸怀开阔，精神愉快，恩宠和屈辱一并忘了，在清风吹拂中端起酒杯痛饮，那心情真是快乐高兴极了。

唉！我曾经探求古时品德高尚的人的思想感情，他们或许不同于以上两种心情，这是什么缘故呢？是因为古时品德高尚的人不因外物好坏和自己得失而或喜或悲。在朝廷做官就为百姓忧虑；不在朝廷做官而处在僻远的江湖中间就为国君忧虑。这样他们进入朝廷做官也忧虑，退处江湖也忧虑。既然这样，那么他们什么时候才快乐呢？那一定要说“在天下人忧愁之前先忧愁，在天下人快乐以后才快乐”吧？唉！如果没有这种人，我同谁一路呢？写于庆历六年九月十五日。

心灵感悟

习近平主席在十九大报告中指出，“青年兴则国家兴，青年强则国家强。青年一代有理想、有本领、有担当，国家就有前途，民族就有希望”。青年人是 21 世纪的生力军，肩负着富国强民的光荣使命，任重而道远，所以我们更应该从现在就树立“先天下之忧而忧，后天下之乐而乐”的志向，为祖国的腾飞好好学习，为祖国的建设添砖加瓦。

经典诵读

十一、丰乐亭记

欧阳修

修既治滁[①]之明年，夏，始饮滁水而甘。问诸滁人，得于州南百步之近。其上则丰山，耸然而特立；下则幽谷，窈然而深藏；中有清泉，滃然而仰出。俯仰左右，顾而乐之。于是疏泉凿石，辟地以为亭，而与滁人往游其间。

滁于五代干戈之际，用武之地也。昔太祖皇帝，尝以周师破李景兵十五万于清流山下，生擒其皇甫辉、姚凤于滁东门之外，遂以平滁。修尝考其山川，按其图记，升高以望清流之关，欲求辉、凤就擒之所。而故老皆无在也，盖天下之平久矣。

自唐失其政，海内分裂，豪杰并起而争，所在为敌国者，何可胜数？及宋受天命，圣人出而四海一。向之凭恃险阻，铲削消磨。百年之间，漠然徒见山高而水清。欲问其事，而遗老尽矣。今滁介江淮之间，舟车商贾、四方宾客之所不至，民生不见外事，而安于畎[②]亩衣食，以乐生送死。而孰知上之功德，休养生息，涵煦于百年之深也。

修之来此，乐其地僻而事简，又爱其俗之安闲。既得斯泉于山谷之间，乃日与滁人仰而望山，俯而听泉。掇[③]幽芳而荫乔木，风霜冰雪，刻露清秀，四时之景，无不可爱。又幸其民乐其岁物之丰成，而喜与予游也。因为本其山川，道其风俗之美，使民知所以安此丰年之乐者，幸生无事之时也。夫宣上恩德，以与民共乐，刺史之事也。遂书以名其亭焉。

（选自吴楚材、吴调侯编，钱素洲译：《古文观止》，浙江教育出版社 2016 年版）

诵读指导

◎ **注释：**

①滁（chú）：滁州，地名，安徽境内。②畎（quǎn）：田地。③掇（duō）：拾取。

◎ **译文：**

我担任滁州太守后的第二年夏天，才觉出滁州泉水的甘甜。于是向滁州人询问泉水的发源地，就在距离滁州城南面一百步的近处。它的上面是丰山，高耸地矗立着；下面是深谷，幽暗地潜藏着；中间有一股清泉，水势汹涌，向上涌出。我上下左右地看，很爱这里的风景。因此，我就叫人疏通泉水，凿开石头，拓出空地，造了一座亭子，于是我和滁州人在这美景中往来游乐。

滁州在五代混战的时候，是战争要地。过去，太祖皇帝曾经率领后周兵在清流山下击溃李璟的十五万军队，在滁州东门的外面活捉了他的大将皇甫晖、姚凤，就这样平定了滁州。我曾经考察过滁州地区的山水，核查过滁州地区的图籍，登上高山来眺望清流关，想寻找皇甫晖、姚凤被捉的地方。可是，当时的人都已经不在。大概是天下太平的时间长久了。

自从唐朝政局败坏后，全国四分五裂，英雄豪杰们全都起来争夺天下，到处都是敌对的政权，哪能数得清呢？到了大宋朝承接天命，圣人一出现，全国就统一了。以前割据政权所凭靠的险要的地形都被削平消灭。在一百年之间，这里的人民只看得到山高水清。要想问问那时的情形，可是开国时的遗老都已经不在人世了。如今，滁州处在长江、淮河之间，是乘船坐车的商人和四面八方的旅游者不到的地方。百姓出生以来就不知道外面的事情，安心耕田，穿衣吃饭，欢乐地过日子，一直到死。有谁晓得这是皇帝的功德，让百姓休养生息，滋润化育到一百年的长久呢！

我来到这里，喜欢这地方僻静且政事简单，又爱它的风俗安恬闲适。在山谷间找到这样的甘泉之后，每天同滁州的士人来游玩，抬头望山，低首听泉。采摘幽香的鲜花，在茂密的乔木下乘凉，刮风落霜结冰飞雪之时，山谷更鲜明地显露出它的清肃秀美，四时的风光，无一不令人喜爱。同时，又幸运地遇到民众为那年谷物的丰收成熟而高兴，乐意与我同游。于是我就根据这里的山脉河流，为他们叙述这里风俗的美好，让民众知道能够安享丰年的欢乐，是因为有幸生于这太平无事的时代。宣扬皇上的恩德，和民众共享欢乐，这是刺史职责范围内的事。于是我就写下这篇文章来为这座亭子命名。

心灵感悟

这篇文章的最大特点是借写景而抒情，情景交融。文章用了大量笔墨写滁州的山水景色，从中流淌出作者丰富的情感。战乱之时，好山好水不过是为了割据称王的“凭恃险阻”；在世事变迁的过程中，也只是“漠然徒见山高而水清”；而在百姓安居乐业的当时，则“四时之景，无不可爱”。

经典诵读

十二、醉翁亭记

欧阳修

环滁[1]皆山也。其西南诸峰，林壑[2]尤美。望之蔚然而深秀者，琅琊也。山行六七里，渐闻水声潺潺[3]而泻出于两峰之间者，酿泉也。峰回路转，有亭翼然临于泉上者，醉翁亭也。作亭者谁？山之僧智仙也。名之者谁？太守自谓也。太守与客来饮于此，饮少辄[4]醉，而年又最高，故自号曰醉翁也。醉翁之意不在酒，在乎山水之间也。山水之乐，得之心而寓之酒也。

若夫[5]日出而林霏开，云归而岩穴暝[6]，晦明变化者，山间之朝暮也。野芳发而幽香，佳木秀而繁阴，风霜高洁，水落而石出者，山间之四时也。朝而往，暮而归，四时之景不同，而乐亦无穷也。

至于负者歌于途，行者休于树，前者呼，后者应，伛偻[7]提携，往来而不绝者，滁人游也。临溪而渔，溪深而鱼肥；酿泉为酒，泉香而酒洌[8]。山肴野蔌[9]，杂然而前陈者，太守宴也。宴酣之乐，非丝非竹，射者中，弈者胜，觥[10]筹交错，起坐而喧哗者，众宾欢也。苍颜白发，颓然乎其间者，太守醉也。

已而夕阳在山，人影散乱，太守归而宾客从也。树林阴翳[11]，鸣声上下，游人去而禽鸟乐也。然而禽鸟知山林之乐，而不知人之乐；人知从太守游而乐，而不知太守之乐其乐也。醉能同其乐，醒能述以文者，太守也。太守谓谁？庐陵欧阳修也。

（选自吴楚材、吴调侯编，钱素洲译：《古文观止》，浙江教育出版社 2016 年版）

诵读指导

◎ **注释：**

① 滁（chú）：滁州，今安徽省东部。② 壑（hè）：山谷。③ 潺潺（chán）：流

水声。④ 辄（zhé）：就，总是。⑤ 夫（fú）：语气助词，无实意，多用于句首。⑥ 暝（míng）：昏暗。⑦ 伛（yǔ）偻（lǚ）：腰背弯曲的样子，这里指老年人。⑧ 洌（liè）：清澈。⑨ 野蔌（sù）：野菜。蔌，菜蔬的总称。⑩ 觥（gōng）：酒杯。⑪ 翳（yì）：遮盖。

◎ 译文：

环绕着滁州城的都是山。它西南方的山峰，树林和山谷格外秀美。远远望过去树木茂盛，又幽深又秀丽的，是琅琊山。沿着山上走六七里，渐渐听到潺潺的流水声，那一股水流从两峰之间飞泻而下的，是酿泉。山势回环，路也跟着拐弯，有一个四角翘起，像鸟张开翅膀一样高踞于泉水之上的亭子，是醉翁亭。建造这个亭子的人是谁？是山里的和尚智仙。给它命名的人是谁？是太守用自己的别号给它命名的。太守和宾客来这里饮酒，喝了一点就醉了，而太守年龄又是最大，所以给自己起了个别号叫“醉翁”。醉翁之意不在喝酒上，而在欣赏山水之间的美景。欣赏山水的乐趣，领会在心里，寄托在喝酒上。

当太阳出来，树林的雾气消散了；烟云聚拢来，山谷就显得昏暗了。阴暗明亮交替变化的，是山间早晨和傍晚。野花开了，有一股清幽的香味；美丽的树木繁茂滋长，形成一片浓郁的绿荫，天高气爽，霜色洁白，冬天溪水落下，露出石头，这就是山里的四季景象。早晨进山，傍晚回城，四季的景色不同，乐趣也是无穷无尽的。

背负着东西的人在路上欢唱，走路的人在树下休息，前面的人呼喊，后面的人应答；老人弯着腰走，小孩子由大人领着走，这些来来往往络绎不绝的，是滁州人在出游。来到溪边捕鱼，溪水深，鱼儿肥；用酿泉的泉水来酿酒，泉水清，酒水甜。野味野菜，错杂地摆在面前的，那是太守在宴请宾客。宴会上纵情酣饮的乐趣，不在于弹琴奏乐，而在于投壶的人中了，下棋的赢了，酒杯和酒筹交互错杂，人们时坐时起，大声喧哗，是宾客在尽情欢乐。容颜苍老，头发花白，醉醺醺地坐在众人中间，是太守喝醉了。

不久，夕阳落到山头，（于是）人的影子散乱一地，这是宾客们跟随着太守归去了。树林渐渐阴暗，鸟儿到处啼鸣，游人离开，鸟儿快乐。但是鸟儿只知道山林中的乐趣，却不知道人们的乐趣。而人们只知道跟随太守游玩的乐趣，却不知道太守以游人的快乐为快乐。醉了能够和大家一起欢乐，醒来能够用文章记叙这乐事的人，是太守。太守是谁？是庐陵的欧阳修。

心灵感悟

《醉翁亭记》是一篇优美的散文。这篇散文饶有诗情画意，别具清丽格调，在中国古代文学作品中的确是不可多得的。庆历五年春，欧阳修由于声援范仲淹等人，再遭贬斥，出知滁州，本文作于到滁州的第二年。“庆历新政”的失败，使他感到苦闷；外放可以摆脱朝廷党争，对他也是一种安慰。文章表现了作者这种复杂的心情。本文以一个“乐”字贯穿全篇，并坦言“醉翁之意不在酒，在乎山水之间也”。把政治失意，仕途坎坷的内心抑郁和苦闷寄情于山水之间，消融于与民同乐之间，在描绘一幅幅变化多姿、秀丽妩媚的优美图画时，体现儒家的传统思想。正如《尚书》所言：“德惟善政，政在养民。”全文表现了他随遇而安、与民同乐的旷达情怀。

经典诵读

十三、石钟山记

苏轼

《水经》云：“彭蠡[1]之口有石钟山焉。”郦元以为下临深潭，微风鼓浪，水石相搏，声如洪钟。是说也，人常疑之。今以钟磬[2]置水中，虽大风浪不能鸣也，而况石乎！至唐李渤始访其遗踪，得双石于潭上，扣而聆之，南声函胡，北音清越，枹[3]止响腾，余韵徐歇。自以为得之矣。然是说也，余尤疑之。石之铿[4]然有声者，所在皆是也，而此独以钟名，何哉？

元丰七年六月丁丑，余自齐安舟行适临汝，而长子迈将赴饶之德兴尉，送之至湖口，因得观所谓石钟者。寺僧使小童持斧，于乱石间择其一二扣之，硿硿[5]焉，余固笑而不信也。至其夜月明，独与迈乘小舟，至绝壁下。大石侧立千尺，如猛兽奇鬼，森然欲搏人；而山上栖鹘[6]，闻人声亦惊起，磔磔[7]云霄间；又有若老人咳且笑于山谷中者，或曰此鹳鹤也。余方心动欲还，而大声发于水上，噌吰[8]如钟鼓不绝。舟人大恐。徐而察之，则山下皆石穴罅，不知其浅深，微波入焉，涵澹澎湃而为此也。舟回至两山间，将入港口，有大石当中流，可坐百人，空中而多窍，与风水相吞吐，有窾坎镗鞳[9]之声，与向之噌吰者相应，如乐作焉。因笑谓迈曰：“汝识[10]之乎？噌吰者，周景王之无射[11]也；窾坎镗鞳者，魏庄子之歌钟也。古之人不余欺也！”

事不目见耳闻，而臆断其有无，可乎？郦元之所见闻，殆与余同，而言之不详；士大夫终不肯以小舟夜泊绝壁之下，故莫能知；而渔工水师虽知而不能言。此世所以不传也。而陋者乃以斧斤考击而求之，自以为得其实。余是以记之，盖叹郦元之简，而笑李渤之陋也。

（选自吕晴飞主编：《唐宋八大家散文鉴赏辞典》，中国妇女出版社 1991 年版）

诵读指导

◎ **作者简介：**

苏轼（1037—1101），字子瞻，又字和仲，号东坡居士，宋代重要的文学家，宋代文学最高成就的代表。北宋眉州眉山（今属四川省眉山市）人。嘉祐年间进士。其诗题材广阔，清新豪健，善用夸张比喻，独具风格，与黄庭坚并称“苏黄”。词开豪放一派，与辛弃疾同是豪放派代表，并称“苏辛”。又工书画。有《东坡七集》《东坡易传》《东坡乐府》等。

◎ **注释：**

① 彭（péng）蠡（lí）：鄱阳湖的又一名称。② 磬（qìng）：古代打击乐器，形状像曲尺，用玉或石制成。③ 桴（fú）止响腾：鼓槌停止了（敲击），声音还在传播。腾：传播。④ 铿（kēng）然：敲击金石所发出的响亮的声音。⑤ 硿（kōng）硿焉：硿硿地（发出响声）。焉：相当于“然”。⑥ 栖鹘（hú）：宿巢的老鹰。鹘：鹰的一种。⑦ 磔（zhé）磔：鸟鸣声。⑧ 噌（chēng）吰（hóng）：这里形容钟声洪亮。⑨ 窾（kuǎn）坎镗（tāng）鞳（tà）：窾坎，击物声。镗鞳，钟鼓声。⑩ 汝识（zhì）之乎：你知道那些（典故）吗？识：知道。⑪ 周景王之无射（yì）：《国语》记载，周景王二十三年（前 522）铸成“无射”钟。

◎ **译文：**

《水经》说：“鄱阳湖的湖口有一座石钟山在那里。”郦道元认为石钟山下面靠近深潭，微风振动波浪，水和石头互相拍打，发出的声音好像大钟一般。这个说法，人们常常怀疑它。如果把钟磬放在水中，即使大风大浪也不能使它发出声响，何况是石头呢！到了唐代，李渤才访求石钟山的旧址，在深潭边找到两块山石，敲击它们，聆听它们的声音，南边那座山石的声音重浊而模糊，北边那座山石的声音清脆而响亮，鼓槌停止敲击后，声音还在传播，余音慢慢地才会消失。他认为自己找到了这个石钟山命名的原因。但是这个说法，我更加怀疑。敲击后能发出声响的石头，到处都有，可唯独这座山用钟来命名，这是为什么呢？

元丰七年六月初九，我从齐安坐船到临汝去，大儿子苏迈将要去就任饶州的德兴县的县尉，我送他到湖口，因而能够看到所说的石钟山。庙里的和尚让小童拿着斧头，在乱石中间选一两处敲打它，硿硿地发出声响，我自然觉得很好笑，并不相信。到了晚上月光明亮，我特地和苏迈坐着小船到断壁下面。巨大的山石倾斜地立着，有千尺之高，好像凶猛的野兽和奇异的鬼怪，阴森森地想要攻击人；山上宿巢的老鹰，听到人声也受惊飞起来，在云霄间发出磔磔声响；又有像老人在山谷中咳嗽并且大笑的声音，有人说这是鹳鹤。我正心惊想要回去，忽然巨大的声音从水上发出，声音洪亮，像不断敲钟击鼓。船夫很惊恐。我慢慢地观察，山下都是石穴和缝隙，不知它们有多深，细微的水波涌进那里面，水波激荡因而发出这种声音。船回到两山之间，将要进入港口，有块大石头正对着水的中央，上面可坐百来个人，中间是空的，而且有许多窟窿，把清风水波吞进去又吐出来，发出窾坎镗鞳的声音，同先前噌吰的声音相互应和，好像音乐演奏。于是我笑着对苏迈说："你知道那些典故吗？那噌吰的响声，是周景王无射钟的声音，窾坎镗鞳的响声，是魏庄子歌钟的声音。古人没有欺骗我啊！"

任何的事情不用眼睛看、不用耳朵听，只凭主观臆断去猜测它的有或没有，可以吗？郦道元所看到的、所听到的，大概和我一样，但是他描述得并不详细；士大夫终究不愿用小船在夜里在悬崖绝壁的下面停泊，所以没有谁能知道；渔人和船夫，虽然知道石钟山命名的真相，却不能用文字记载。这就是世上没有流传下来石钟山得名由来的原因。然而浅陋的人竟然用斧头敲打石头来寻求石钟山得名的原因，自以为得到了石钟山命名的真相。我因此记下以上的经过，叹惜郦道元的简略，嘲笑李渤的浅陋。

心灵感悟

《石钟山记》是宋代文学家苏轼于宋神宗元丰七年（1084）游石钟山后所写的一篇考察性的游记。文章通过记叙对石钟山得名由来的探究，强调要正确判断一件事物，必须要深入实际，认真调查

经典诵读

十四、前赤壁赋

苏轼

壬戌[①]之秋，七月既望[②]，苏子与客泛舟游于赤壁之下。清风徐来，水波不兴。举酒属[③]客，诵明月之诗，歌窈窕[④]之章。少焉，月出于东山之上，徘徊于斗牛之间。白露横江，水光接天。纵一苇之所如，凌万顷之茫然。浩浩乎如冯[⑤]虚御风，而不知其所止；飘飘乎如遗世独立，羽化而登仙。

于是饮酒乐甚，扣舷而歌之。歌曰："桂棹[⑥]兮兰桨，击空明兮溯流光。渺渺兮予怀，望美人兮天一方。"客有吹洞箫者，倚歌而和之。其声呜呜然，如怨如慕，如泣如诉；余音袅袅，不绝如缕。舞幽壑之潜蛟，泣孤舟之嫠[⑦]妇。

苏子愀[8]然，正襟危坐，而问客曰："何为其然也？"客曰："'月明星稀，乌鹊南飞。'此非曹孟德之诗乎？西望夏口，东望武昌，山川相缪，郁乎苍苍，此非孟德之困于周郎者乎？方其破荆州，下江陵，顺流而东也，舳舻[9]千里，旌旗蔽空，酾酒临江，横槊[10]赋诗，固一世之雄也，而今安在哉？况吾与子渔樵于江渚之上，侣鱼虾而友麋鹿[11]，驾一叶之扁舟，举匏樽[12]以相属。寄蜉蝣[13]于天地，渺沧海之一粟。哀吾生之须臾，羡长江之无穷。挟飞仙以遨游，抱明月而长终。知不可乎骤得，托遗响于悲风。"

苏子曰："客亦知夫水与月乎？逝者如斯，而未尝往也；盈虚者如彼，而卒莫消长也。盖将自其变者而观之，则天地曾不能以一瞬；自其不变者而观之，则物与我皆无尽也，而又何羡乎！且夫天地之间，物各有主，苟非吾之所有，虽一毫而莫取。惟江上之清风，与山间之明月，耳得之而为声，目遇之而成色，取之无禁，用之不竭。是造物者之无尽藏也，而吾与子之所共适。"

客喜而笑，洗盏更酌。肴核既尽，杯盘狼藉。相与枕藉乎舟中，不知东方之既白。

（选自吴楚材、吴调侯编，钱素洲译：《古文观止》，浙江教育出版社 2016 年版）

诵读指导

◎ **注释：**

①壬（rén）戌（xū）：指的是宋神宗元丰五年，即公元 1082 年。②既望：是指农历十六日。③属（zhǔ）：倾注，引申为劝酒。④窈（yǎo）窕（tiǎo）之章：《陈风·月出》诗首章为："月出皎兮，佼人僚兮，舒窈纠兮，劳心悄兮。""窈纠"同"窈窕"。⑤冯：通假字，通"凭"。⑥棹（zhào）：划船的一种工具，形状和桨差不多。⑦嫠（lí）妇：寡妇。⑧愀（qiǎo）然：容色改变的样子。⑨舳（zhú）舻（lú）：战船前后相接，这里指战船。⑩槊（shuò）：长矛。⑪麋（mí）：鹿的一种。⑫匏（páo）樽（zūn）：用葫芦做成的酒器。⑬蜉（fú）蝣（yóu）：一种朝生暮死的昆虫。此句比喻人生之短暂。

◎ **译文：**

壬戌年秋，七月十六日，苏轼与友人在赤壁下泛舟游玩。清风阵阵拂来，水面波澜不起。举起酒杯向同伴敬酒，吟诵着与明月有关的文章，歌颂《诗经·月出》中"窈窕"这一章。不多时，明月从东山后升起，徘徊在斗宿与牛宿之间。白茫茫的雾气横贯江面，清冷冷的水光连着天际。任凭小船儿在茫茫无边的江上飘荡，越过苍茫万顷的江面。（我的情思）浩荡，就如同凭空乘风，却不知道在哪里停止，飘飘然如遗弃尘世，超然独立，成为神仙，进入仙境。

这时候，(我)喝酒喝得高兴起来，用手叩击着船舷，应声高歌。歌中唱道："桂木船棹，香兰船桨，迎击空明的粼波，逆着流水的泛光。我的心怀悠远，想望伊人在天涯那方。"有吹洞箫的客人，按着节奏为歌声伴和，洞箫呜呜作声，像是怨恨，又像是思慕，像是哭泣，又像是倾诉，尾声凄切、婉转、悠长，如同不断的细丝。能使深谷中的蛟龙为之起舞，能使孤舟上的寡妇听了落泪。

苏轼的容色忧愁凄怆，(他)整好衣襟坐端正，向客人问道："(曲调)为什么这样(悲凉)呢？"同伴回答："'月明星稀，乌鹊南飞'，这不是曹公孟德的诗吗？(这里)向西可以望到夏口，向东可以望到武昌，山河接壤连绵不绝，(目力所及)一片苍翠。这不正是曹孟德被周瑜所围困的地方吗？当初他攻陷荆州，夺得江陵，沿长江顺流东下，麾下的战船延绵千里，旌旗将天空全都蔽住，在江边持酒而饮，横执矛槊吟诗作赋，委实是当世的一代枭雄，而今天又在哪里呢？何况我与你在江边的水渚上捕鱼砍柴，与鱼虾做伴，与麋鹿为友，(我们)驾着这一叶小舟，举起杯盏相互敬酒。(我们)如同短寿的蜉蝣置身于广阔的天地中，像沧海中的一颗粟米那样渺小。哀叹我们的一生只是短暂的片刻，(不由)羡慕长江没有穷尽。(我想)与仙人携手遨游各地，与明月相拥而永存世间。(我)知道这些不可能马上得到，只得将憾恨化为箫音，寄托在悲凉的秋风中罢了。"

苏轼说："你可也知道这水与月？不断流逝的，就像这江水，其实并没有真正逝去；时圆时缺的，就像这月，但是最终并没有增加或减少。可见，从事物易变的一面看来，天地间没有一瞬间不发生变化；而从事物不变的一面看来，万物与自己的生命同样无穷无尽，又有什么可羡慕的呢？何况天地之间，凡物各有自己的归属，若不是自己应该拥有的，即使一分一毫也不能求取。只有江上的清风以及山间的明月，送到耳边便听到声音，进入眼帘便绘出形色，取得这些不会有人禁止，享用这些也不会有竭尽的时候。这是造物者(恩赐)的没有穷尽的大宝藏，你我尽可以一起享用。"

于是同伴高兴地笑了，清洗杯盏重新斟酒。菜肴和果品都被吃完，只剩下桌上的杯碟一片凌乱。(苏子与同伴)在船里互相枕着垫着睡去，不知不觉天边已经显出白色(指天明了)。

心灵感悟

本文通过对赤壁山水的描写以及与客的问答，表现了作者对大自然的喜爱和虽然执着于自己人生的追求，但又能保持平静超然的心态和乐观旷达的情怀。

经典诵读

十五、爱莲说

周敦颐

水陆草木之花，可爱者甚蕃[①]。晋陶渊明独爱菊；自李唐来，世人甚爱牡丹；予独爱莲之出淤泥而不染，濯清涟而不妖[②]，中通外直，不蔓不枝[③]，香远益清，亭亭净植，可远观而不可亵玩[④]焉。

予谓菊，花之隐逸者也；牡丹，花之富贵者也；莲，花之君子者也。噫[⑤]！菊之爱，陶后鲜[⑥]有闻；莲之爱，同予者何人？牡丹之爱，宜乎众矣。

（选自陈振鹏、章培恒主编：《古文鉴赏辞典》，上海辞书出版社 1997 年版）

诵读指导

◎ **作者简介：**

周敦颐（1017—1073），又名周元皓，原名周敦实，字茂叔，谥号元公，道州营道楼田保（今湖南省道县）人，世称濂溪先生。周敦颐是北宋五子之一，宋朝儒家理学思想的开山鼻祖，文学家、哲学家。

◎ **注释：**

① 蕃（fán）：多。② 濯（zhuó）：洗涤。清涟（lián）：水清而有微波，这里指清水。妖：妖艳，美丽而不端庄。③ 不蔓（màn）不枝：不生枝蔓，不长枝节。蔓，名词用作动词，生枝蔓。枝，名词用作动词，长枝节。④ 亵（xiè）：亲近而不庄重；玩：玩弄。⑤ 噫（yī）：感叹词，相当于“啊”。⑥ 鲜（xiǎn）：少。

◎ **译文：**

水中、陆地上的各种花草树木，值得喜爱的非常多。晋朝陶渊明唯独喜爱菊花；从唐朝以来世间的人们非常喜爱牡丹；我唯独喜爱莲花，它从淤泥中长出来，却不沾染污秽，在清水里洗涤过但是不显得妖媚，它的茎中间贯通，外形挺直，不生枝蔓，不长枝节，香气传播得越远越清幽，笔直地洁净地立在那里，可以远远地观赏但是不能玩弄它。

我认为，菊花是花中的隐士；牡丹，是花中的富贵者；莲花，是花中的君子。

唉！对于菊花的喜爱，在陶渊明以后很少听到了。对于莲花的喜爱，和我一样的还有谁？对于牡丹的喜爱，当然有很多人了。

心灵感悟

文章以“出淤泥而不染”为重点，浓墨重彩地描绘了莲的气度、莲的风节，寄予了作者对理想人格的肯定和追求，也反射出作者鄙弃贪图富贵、追名逐利的世态的心理和自己追求洁身自好的美好情操。在文章结尾，作者一叹真正隐逸的高士极少，二叹品格高尚的君子罕见，三叹贪慕富贵的俗人很多，这使文章更具思想特色。

经典诵读

十六、正气歌（节选）

文天祥

天地有正气，杂然赋流形。
下则为河岳，上则为日星。
于人曰浩然，沛乎塞苍冥。
皇路当清夷，含和吐明庭。
时穷节乃见，一一垂丹青。
在齐太史简，在晋董狐笔。
在秦张良椎，在汉苏武节。
为严将军头，为嵇侍中血。
为张睢阳齿，为颜常山舌。
或为辽东帽，清操厉冰雪。
或为出师表，鬼神泣壮烈。
或为渡江楫，慷慨吞胡羯。
或为击贼笏，逆竖头破裂。
是气所磅礴，凛烈万古存。
当其贯日月，生死安足论。

地维赖以立，天柱赖以尊。

…………

（选自余建忠译著：《中国古代名诗词译赏》，云南大学出版社 2011 年版）

诵读指导

◎ **作者简介：**

文天祥（1236—1283），南宋爱国诗人，字宋瑞，又字履善，别号文山，吉州庐陵（今江西吉安）人。文天祥于祥兴元年（1278）十月因叛徒的出卖被元军所俘。翌年 10 月被解至燕京。元朝统治者对他软硬兼施，威逼利诱，许以高位，文天祥都誓死不屈，决心以身报国，丝毫不为所动，因而被囚三年，至元十九年十二月九日（1283 年 1 月 9 日）慷慨就义。这首诗是他死前一年在狱中所作。

◎ **译文：**

天地之间，有一种气，叫作正气。这种气呈现出各种不同的形态：在大地上，这种气凝结为高山大河；在天宇中，这种气凝结为日月星辰；在人的身上，这种气就叫作浩然正气，雄浑而磅礴，充满了整个宇宙空间！在太平盛世的时候，这种浩然正气饱含祥瑞，遍布普天之下；而在时势维艰的关键时期，这种浩然正气就表现为一种至高无上的节操，展示并留存在历史的长河之中。春秋时齐国的史官直书史实；晋国的董狐直言犯上；秦朝的张良为复国仇，遣壮士刺杀秦始皇；西汉的苏武囚居匈奴十九年而不改其志；汉末的严颜，宁做断头将军，不做降将军；晋惠帝时的嵇绍挺身救主，血溅帝衣；唐玄宗时的张睢阳怒骂叛贼、咬碎钢牙；颜杲卿骂贼不止，割舌如故；东汉的管宁清操可比冰雪，令人钦敬；汉末的诸葛亮《出师表》，惊天地泣鬼神；晋朝的祖逖击楫中流，英风浩浩；唐朝的段秀实笏击叛贼，正气凛然……（他们）均可名标青史、垂范后世。这种浩然之气磅礴凛冽，留存万古，可以冲贯日月，生与死在这种浩然之气的对比之下，还有什么可以计较的！苍茫大地，就是赖有这种浩然之气才得以挺立，浩浩天宇也是赖有这种浩然之气，才得以让人敬畏！

心灵感悟

《正气歌》是南宋诗人文天祥在狱中写的一首五言古诗。诗的开头即点出浩然正气存乎天地之间，至时穷之际，必然会显示出来。随后连用十二个典故，都是历史上有名的人物，他们的所作所为凛然显示出浩然正气的力量。接下来八句说明浩然正气贯日月，立天地，为三纲之命，道义之根。最后联系到自己的命运，自己虽然兵败被俘，处在极其恶劣的牢狱之中，但是由于自己一身正气，各种邪气和疾病都不能侵犯自己，因此能够坦然面对自己的命运。全诗感情深沉、气壮山河、直抒胸臆、毫无雕饰，充分体现了作者崇高的民族气节和强烈的爱国主义精神。

经典诵读

十七、曾国藩家书——致九弟季弟·必须自立自强

曾国藩

沅[①]季弟左右：

沅于人概天概之说，不甚措意，而言及势利之天下，强凌弱之天下，此岂自今日始哉？盖从古已然矣。从古帝王将相，无人不由自强自立做出。即为圣贤者，亦各有自立自强之道，故能独立不俱，确乎不拔。余往年在京，好与诸有大名大位者为仇，亦未始无挺然特立，不畏强御之意。

近来见得天地之道，刚柔互用，不用偏废，太柔则靡[②]，太刚则折，刚非暴戾[③]之谓也，强矫而已。柔非卑弱之谓也，谦退而已。趋事赴公，则当强矫，争名逐利，则当谦退。开创家业，则当强矫，守成安乐，则当谦退。出与人物应接，则当强矫，入与妻孥享受，则当谦退。

若一面建功立业，外享大名，一面求田问舍，内图厚实。二者皆有盈满之象，全无谦退之意，则断不能久，此余所深信，而弟宜默默体验者也。（同治元年五月廿八日）

（选自曾国藩著：《曾国藩家书》，中国华侨出版社 1994 年版）

诵读指导

◎ **作者简介：**

曾国藩（1811—1872），初名子城，字伯涵，号涤生，曾子七十世孙。中国近代

政治家、战略家、理学家、文学家，湘军的创立者和统帅。

◎ 注释：

① 沅（yuán）：沅弟指曾国荃。② 靡（mǐ）：颓废，烂垮。③ 戾（lì）：凶暴、残忍。

◎ 译文：

沅、季弟左右：

沅弟对于“人刮平、天刮平”（斗满的时候人会把它刮平，人满的时候，上天会把他刮平）的说法，不以为然，而说势利的天下，强凌弱的天下，这难道从今天才开始吗？那是自古以来就如此。从古至今的帝王将相，没有一个人不是由自强自立做出来的。就是圣人、贤者，也各有自强自立的道路，所以能够独立而不惧怕，确立目标而坚忍不拔。我往年在京城，喜欢与有大名声、有大地位的人作对，也并不是没有傲然自立、不畏强暴的意思。

近来悟出天地间的道理，刚柔互用，不可偏废。太柔就会颓废，太刚就会折断。刚不是暴戾的意思，以强力执行罢了。柔不是卑下软弱的意思，谦虚退让罢了。

办事情、赴公差，要强矫。争名夺利，要谦退。开创家业，要强矫。守成安乐，要谦退。出外与别人应酬接触，要强矫。在家与妻孥享受，要谦退。

如果一方面建功立业，外享盛名，一方面又要买田建屋，追求踏实舒服的生活。那么，两方面都有满盈的征兆，缺乏谦退的意思，那决不能长久，我是深信不疑，弟弟们默默体会吧！（同治元年五月二十八日）

心灵感悟

《曾国藩家书》的主要内容包括修身养性、为人处世、交友识人、持家教子、治军从政等，应有尽有。诵之悟之，大有裨益。人生丰富、性格复杂、毁誉参半、争议不休。然千封家书，足见其殷切之情。本文的内容是作者劝说两个弟弟自立自强。无论面对任何困难都绝不屈服，面对生活中的不同处境要刚柔相济，无论是建功立业还是开创家业都要强矫与谦退并行。

经典诵读

十八、曾国藩家书——致沅弟·宜自修处求强（节选）

曾国藩

沅弟左右：

……

弟谓命运作主，余素所深信；谓自强者每胜一筹，则余不甚深信。凡国之强，必须多得贤臣工；家之强，必须多出贤子弟。此亦关乎天命，不尽由于人谋。至一身之强，则不外乎北宫黝①、孟施舍②、曾子③三种。孟子之集义而慊④，即曾子之自反而缩也。惟曾、孟与孔子告仲由之强，略为可久可常。此外斗智斗力之强，则有因强而大兴，亦有因强而大败。古来如李斯、曹操、董卓、杨素，其智力皆横绝一世，而其祸败亦迥异寻常。近世如陆、何、萧、陈亦皆予知自雄，而俱不保其终。故吾辈在自修处求强则可，在胜人处求强则不可。若专在胜人处求强，其能强到底与否尚未可知，即使终身强横安稳，亦君子所不屑道也。

（选自曾国藩著：《曾国藩家书》，中国华侨出版社 1994 年版）

诵读指导

◎ **注释：**

① 北宫黝：姓北宫，名黝，战国时齐国人。② 孟施舍：生平不详。③ 曾子：名参，字子舆。八儒之中的第三家颜氏之儒的传人，今之《论语》出于颜氏之学。春秋末期著名的思想家、教育家，鲁国南武城人。④ 慊（qiè）：满意。

◎ **译文：**

沅弟左右：

……

弟弟说命运做主，我是相信的。说自强的人，每每棋高一着，我不太相信。大凡国家强盛，必须有许多贤臣；大凡家庭强盛，必须有许多贤良子弟。这也关系到天命，不尽在人谋。至于一个人的强与勇，不外乎北宫黝、孟施舍和曾子三种，孟子“集义而慊”之浩然之气即是曾子“自反而缩”的勇敢无愧。只有曾子、孟子和孔子告诉仲由的强，才略微可以长久。此外，斗勇斗智的强，有的人因此大兴盛，也有的人因此大失败。古来如李斯、曹操、董卓、杨素，他们的智力都横行独秀于一世，他们的祸败也与寻常人大不一样。近世如陆、何、萧、陈都认为自己智谋超群，却都得不到善终。所以我们在自修方面求强是可以的，在与人争胜负时求强就不可以了。如果专门在胜过别人的地方求强，是否能强到底，还不可知，即使终身强横安稳，也是君子所不屑一提的。

心灵感悟

曾国藩作为一个政坛上的大人物，区别于其他政治家的一个最为显著的地方，就是在建功立业的过程中，非常注重完善自己的人格，同时又以人格修养的完善来促进功业的建立。在中国历史上，曾国藩可谓是追求成功者心目中的完人，他有道德，有军功，有文章。他的一生中把修身当作日常生活中很重要的一个部分，归纳起来有几个方面，即：诚、敬、静、谨、恒。最为可贵的是，从三十一岁开始的修身，一直贯穿了曾国藩的后半生。在此后的三十年中，即便身为军事统帅，每天在杀戮声中度过，他仍然坚持每天反省以修养身心。可以说，修身是曾国藩事业成功最重要的原因。

经典诵读

十九、野草题辞

鲁迅

当我沉默着的时候，我觉得充实；我将开口，同时感到空虚。[①]

过去的生命已经死亡。我对于这死亡有大欢喜[②]，因为我借此知道它曾经存活。死亡的生命已经朽腐。我对于这朽腐有大欢喜，因为我借此知道它还非空虚。

生命的泥委弃在地面上，不生乔木，只生野草，这是我的罪过。

野草，根本不深，花叶不美，然而吸取露，吸取水，吸取陈死人[③]的血和肉，各各夺取它的生存。当生存时，还是将遭践踏，将遭删刈，直至于死亡而朽腐。

但我坦然，欣然。我将大笑，我将歌唱。

我自爱我的野草，但我憎恶这以野草作装饰的地面[④]。

地火在地下运行，奔突；熔岩一旦喷出，将烧尽一切野草，以及乔木，于是并且无可朽腐。

但我坦然，欣然。我将大笑，我将歌唱。

天地有如此静穆，我不能大笑而且歌唱。天地即不如此静穆，我或者也将不能。我以这一丛野草，在明与暗，生与死，过去与未来之际，献于友与仇，人与兽，爱者与不爱者之前作证。

为我自己，为友与仇，人与兽，爱者与不爱者，我希望这野草的死亡和朽腐，火速到来。要不然，我先就未曾生存，这实在比死亡与朽腐更其不幸。

去罢，野草，连着我的题辞！

一九二七年四月二十六日

鲁迅记于广州之白云楼上⑤

（选自鲁迅著，烟波主编：《鲁迅经典全集》，北京联合出版公司 2014 年版）

诵读指导

◎ **注释**：

① 一九二七年九月二十三日，作者在广州作的《怎么写》（后收入《三闲集》）一文中，曾描绘过他的这种心情："我靠了石栏远眺，听得自己的心音，四远还仿佛有无量悲哀，苦恼，零落，死灭，都杂入这寂静中，使它变成药酒，加色，加味，加香。这时，我曾经想要写，但是不能写，无从写。这也就是我所谓'当我沉默着的时候，我觉得充实，我将开口，同时感到空虚。'" ② 大欢喜：佛家语，指达到目的而感到极度满足的一种境界。③ 陈死人：指死去很久的人。见《古诗十九首·驱车上东门》："驱车上东门，遥望郭北塞……下有陈死人，杳杳即长暮……" ④ 地面：比喻黑暗的旧社会。作者曾说，《野草》中的作品"大半是废弛的地狱边沿的惨白色小花"。（《〈野草〉英文译本序》）⑤ 白云楼：在广州东堤白云路。据《鲁迅日记》，一九二七年三月二十九日，作者由中山大学"移居白云路白云楼二十六号二楼"。

心灵感悟

《野草》各篇主要描写了北洋军阀政府统治下的社会状态，以及对革命力量的热烈呼唤，对劳动人民的深切同情，对国民劣根性不留情面的批评和对自我严格的解剖等。其中也涵盖着生与死、爱与恨、梦与醒、友与仇、过去与未来、光明与黑暗、爱者与不爱者、沉默与开口、希望与绝望、爱抚与复仇、眷念与决绝等一系列对立统一、激烈斗争又在斗争中融合的概念和形象。

《题辞》是鲁迅为散文诗集《野草》写的前言。在《题辞》这首散文诗里，作者披露了写作《野草》的思想变化历程，形象地概括了写作《野草》的目的及艺术来源，并表达了作者继续战斗的决心。可以说，《题辞》是作者“诗的总结和心的誓言”。

经典诵读

二十、艰难的国运与雄健的国民

李大钊

历史的道路，不全是坦平的，有时走到艰难险阻的境界，这是全靠雄健的精神才能够冲过去的。

一条浩浩荡荡的长江大河，有时流到很宽阔的境界，平原无际，一泻万里。有时流到很逼狭的境界，两岸丛山叠岭，绝壁断崖，江河流于其间，曲折回环，极其险峻。民族生命的进程，其经历亦复如是。

人类在历史上的生活正如旅行一样。旅途上的征人所经过的地方，有时是坦荡平原，有时是崎岖险路。志于旅途的人，走到平坦的地方，固是高高兴兴地向前走，走到崎岖的境界，愈是奇趣横生，觉得在此奇绝壮绝的境界，愈能感到一种冒险的美趣。

中华民族现在所逢的史路，是一段崎岖险阻的道路。在这一段道路上，实在亦有一种奇绝壮绝的景致，使我们经过这段道路的人，感得一种壮美的趣味。但这种壮美的趣味，是非有雄健精神的人，不能够感觉到的。

我们的扬子江、黄河，可以代表我们的民族精神，扬子江及黄河遇见沙漠、遇见山峡都是浩浩荡荡地往前流过去，以成其浊流滚滚、一泻万里的魄势。目前艰难境界，哪能阻抑我们民族生命的前进？我们应该拿出雄健的精神，高唱着进行的曲调，在这悲壮歌声中，走过这崎岖险阻的道路。要知在艰难的国运中建造国家，亦是人生最有趣味的事……

（选自李大钊著:《李大钊诗文选集》，人民文学出版社 1981 年版）

诵读指导

◎ **作者简介：**

李大钊（1889—1927），字守常，河北乐亭人。1907 年考入天津北洋法政专门学校，1913 年毕业后东渡日本，入东京早稻田大学政治本科学习。李大钊同志是中国共产主义的先驱，伟大的马克思主义者，杰出的无产阶级革命家，中国共产党的主要创始人之一。他还是一位学识渊博、勇于开拓的著名学者，在中国共产主义运动和民族解放事业中，有着崇高的历史地位。

心灵感悟

在此文中，作者以大河奔流比喻民族生命的进程，以崎岖险路比喻中华民族所逢的史路，告诉我们应该在艰难困苦中毫不放弃，对革命保持必胜的信念，要拥有豪壮雄健的气魄。全文流露出了革命的乐观主义和强烈的爱国主义感情。

放飞心灵

放飞心灵需要随书而行。读书是一种汲取，一种感觉，一种愉悦，一种情怀。有书为伴，可以穿越时空去谛听感悟李白的清新飘逸，杜甫的忧国伤怀，可以领略苏轼的豪放，可以驰骋沙场、仰天长啸，可以开怀畅饮、指点江山，也可以雨中漫步，林间赏花。在漫长的人生旅途中，记得放飞心灵，一路播撒鲜花，留下片片艳丽风景。

经典诵读

一、诗经·蒹葭

蒹葭①苍苍，白露为霜。
所谓伊人，在水一方。
溯洄②从之，道阻且长。
溯游从之，宛在水中央。
蒹葭萋萋，白露未晞③。
所谓伊人，在水之湄④。
溯洄从之，道阻且跻⑤。
溯游从之，宛在水中坻⑥。
蒹葭采采，白露未已。
所谓伊人，在水之涘⑦。
溯洄从之，道阻且右。
溯游从之，宛在水中沚⑧。

（选自王秀梅译注：《诗经》，中华书局 2015 年版）

诵读指导

◎ **注释**：

① 蒹（jiān）葭（jiā）：芦苇。② 溯（sù）洄（huí）：逆流而上。③ 晞（xī）：干。④ 湄（méi）：岸边。⑤ 跻（jī）：高，升高。⑥ 坻（chí）：水中的小块高地。⑦ 涘（sì）：水边。⑧ 沚（zhǐ）：同“坻”，水中的小块陆地。

◎ **译文**：

大片的芦苇青苍苍，清晨的露水变成霜。我所怀念的心上人啊。就站在对岸河边上。逆流而上去追寻她（他），追随她（他）的道路险阻又漫长。顺流而下寻寻觅觅，她（他）仿佛在河水中央。

芦苇凄清一大片，清晨露水尚未晒干。我那魂牵梦绕的人啊，她（他）就在河水对岸。逆流而上去追寻她（他），那道路坎坷又艰难。顺流而下寻寻觅觅，她（他）仿佛在水中小洲。

河畔芦苇繁茂连绵，清晨露滴尚未被蒸发完。我那苦苦追求的人啊，她（他）就在河岸一边。逆流而上去追寻她（他），那道路弯曲又艰险。顺流而下寻寻觅觅，她（他）仿佛在水中的沙滩。

心灵感悟

《蒹葭》是中国古代现实主义诗集《诗经》中的一篇。全诗三章，每章八句。此诗曾被认为是用来讥刺秦襄公不能用周礼来巩固他的国家，或惋惜招引隐居的贤士而不可得。现在一般认为这是一首情歌，写追求所爱而不及的惆怅与苦闷。全诗三章，重章叠唱，后两章只是对首章文字略加改动而成，形成各章内部韵律协和而各章之间韵律参差的效果，造成了语义的往复推进。

经典诵读

二、短歌行

曹操

对酒当歌，人生几何！譬如朝露，去日苦多。
慨当以慷，忧思难忘。何以解忧？唯有杜康。
青青子衿[①]，悠悠我心。但为君故，沉吟至今。
呦呦[②]鹿鸣，食野之苹。我有嘉宾，鼓瑟吹笙。
明明如月，何时可掇[③]？忧从中来，不可断绝。
越陌度阡，枉用相存。契阔谈讌[④]，心念旧恩。
月明星稀，乌鹊南飞。绕树三匝[⑤]，何枝可依？
山不厌高，海不厌深。周公吐哺，天下归心。

（选自余冠英选注：《三曹诗选》，人民文学出版社 2012 年版）

诵读指导

◎ **作者简介：**

曹操（155—220），字孟德，谯县（今安徽亳县）人，建安时代杰出的政治家、军事家和文学家。建安元年（196）迎献帝都许（今河南许昌东），挟天子以令诸侯，先后削平吕布等割据势力。官渡之战大破军阀袁绍后，逐渐统一了中国北部。建安十三年（208），进位为丞相，率军南下，被孙权和刘备的联军击败于赤壁。后封魏王。子曹丕称帝，追尊为武帝。

◎ **注释：**

① 衿（jīn）：衣领。② 呦（yōu）呦：鹿叫的声音。③ 掇（duō）：拾取，摘取。④ 讌（yàn）：通“宴”。⑤ 三匝（zā）：三周。匝：周，圈。

心灵感悟

此诗通过引用《诗经》名句与抒写自身心情，以沉稳顿挫的笔调写出了诗人求贤如渴的思想和统一天下的雄心壮志，充分发挥了作者创作风格，准确而巧妙地运用了比兴手法，来达到寓理于情，以情感人的目的，历来被视为曹操的代表作。

经典诵读

三、步出夏门行·观沧海

曹操

东临碣[①]石，以观沧海。
水何澹澹[②]，山岛竦峙[③]。
树木丛生，百草丰茂。
秋风萧瑟，洪波涌起。
日月之行，若出其中；
星汉灿烂，若出其里。
幸甚至哉，歌以咏志。

（选自余冠英选注：《三曹诗选》，人民文学出版社 2012 年版）

诵读指导

◎ **注释：**

① 碣（jié）石：山名。碣石山，即河北昌黎碣石山。公元 207 年秋天，曹操征乌桓得胜回师时经过此地。② 澹（dàn）澹：水波摇动的样子。③ 竦（sǒng）峙（zhì）：耸立。竦：通“耸”，高。

◎ **译文：**

东行登上碣石山，来观赏那苍茫的海。
海水多么宽阔浩荡，山岛高高地挺立在海边。
树木和百草丛生，十分繁茂。
秋风吹动树木发出悲凉的声音，海中涌着巨大的海浪。
太阳和月亮的运行，好像是从这浩瀚的海洋中发出的。
银河星光灿烂，好像是从这浩瀚的海洋中产生出来的。
我觉得非常幸运，就用这首诗歌来表达自己内心的志向。

心灵感悟

这首诗是曹操在碣石山登山望海时，用饱蘸浪漫主义激情的大笔，所勾勒出的大海吞吐日月、包蕴万千的壮丽景象。它描绘了祖国河山的雄伟壮丽，既刻画了高山大海的壮阔，更表达了诗人以景托志，胸怀天下的进取精神。全诗语言质朴，想象丰富，气势磅礴，苍凉悲壮。

经典诵读

四、苦寒行

曹操

北上太行山，艰哉何巍巍！
羊肠坂诘屈，车轮为之摧。
树木何萧瑟，北风声正悲。
熊罴对我蹲，虎豹夹路啼。

溪谷少人民，雪落何霏霏！
延颈长叹息，远行多所怀。
我心何怫郁，思欲一东归。
水深桥梁绝，中路正徘徊。
迷惑失故路，薄暮无宿栖。
行行日已远，人马同时饥。
担囊行取薪，斧冰持作糜。
悲彼《东山》诗，悠悠使我哀。

（选自余冠英选注《三曹诗选》，人民文学出版社2012年版）

诵读指导

◎ 译文：

北征登上太行山，山高岭峻多艰难！
羊肠坂路真崎岖，一路颠簸车轮断。
风吹树木声萧萧，北风呼啸发悲号。
熊罴当路面对我蹲坐，虎豹夹道发威狂嚎叫。
溪谷荒凉人烟少，大雪纷纷漫天飘。
抬头远望长声叹息，长途跋涉思绪如潮。
我心郁郁多么愁闷，真想东归返回故乡。
水深桥断难前进，大军徘徊半路上。
行军迷路失方向，傍晚还没有住宿的地方。
走啊走啊日久远，人疲马乏又渴又饥。
担着行囊边走边砍柴，凿冰煮粥充饥肠。
想起那篇《东山》诗，深深触动我的哀伤。

心灵感悟

这首诗，如果只停留在抒写行军艰险、思欲东归上，那就失之平平了。它高就高在诗人将自身征途之苦同士卒思归之情、广大人民倒悬之急融为一体，将自己的理想抱负同周公事业联系起来，扩大了内涵，升华了主题，因而具有强烈的感染力和巨大的生命力。

经典诵读

五、春江花月夜

张若虚

春江潮水连海平，海上明月共潮生。
滟滟[1]随波千万里，何处春江无月明！
江流宛转绕芳甸[2]，月照花林皆似霰[3]。
空里流霜[4]不觉飞，汀[5]上白沙看不见。
江天一色无纤尘[6]，皎皎空中孤月轮。
江畔何人初见月？江月何年初照人？
人生代代无穷已，江月年年望[7]相似。
不知江月待何人，但见长江送流水。
白云一片去悠悠，青枫浦[8]上不胜愁。
谁家今夜扁舟子[9]？何处相思明月楼？
可怜楼上月徘徊[10]，应照离人[11]妆镜台。
玉户[12]帘中卷不去，捣衣砧[13]上拂还来。
此时相望不相闻[14]，愿逐[15]月华流照君。
鸿雁长飞光不度，鱼龙潜跃水成文[16]。
昨夜闲潭梦落花，可怜春半不还家。
江水流春去欲尽，江潭落月复西斜。
斜月沉沉藏海雾，碣石潇湘[17]无限路。
不知乘月[18]几人归，落月摇情[19]满江树。

（选自李楠编译：《全唐诗》，北京工艺美术出版社 2019 年版）

诵读指导

◎ **作者简介：**

张若虚（约 660—约 720），唐代诗人。扬州（今属江苏）人。曾任兖州兵曹。生卒年、字号均不详。事迹略见于《旧唐书·贺知章传》。中宗神龙（705—707）年间，与贺知章、贺朝、万齐融、邢巨、包融俱以文辞俊秀驰名于京都，与贺知章、张旭、包融并称“吴中四士”。玄宗开元时尚在世。

◎ **注释：**

①滟（yàn）滟：波光荡漾的样子。②芳甸（diàn）：开满花草的郊野。甸：郊外之地。③霰（xiàn）：天空中降落的白色不透明的小冰粒。此处形容月光下春花晶莹洁白。④流霜：飞霜。古人以为霜和雪一样，是从空中落下来的，所以叫流霜。此处比喻月光皎洁，月色朦胧、流荡，所以察觉不到有霜霰飞扬。⑤汀（tīng）：水边平地、小洲。⑥纤尘：微细的灰尘。⑦望：一作"只"。⑧青枫浦：地名，今湖南浏阳市境内有青枫浦。这里泛指游子所在的地方。暗用《楚辞·招魂》"湛湛江水兮上有枫，目极千里兮伤春心"句意，隐含离别之意。⑨扁舟子：飘荡江湖的游子。扁舟：小舟。⑩月徘徊：指月光偏照闺楼，徘徊不去，令人不胜其相思之苦。⑪离人：此处指思妇。⑫玉户：形容楼阁华丽，以玉石镶嵌。⑬捣衣砧（zhēn）：捣衣石、捶布石。⑭相闻：互通音信。⑮逐：追随。月华：月光。⑯文：同"纹"。⑰碣（jié）石潇湘：碣石，山名，在渤海边上。潇湘：湘江与潇水，在今湖南。这里两个地名一南一北，暗指路途遥远，相聚无望。无限路：极言离人相距之远。⑱乘月：趁着月光。⑲摇情：激荡情思，犹言牵情。

◎ **译文：**

春天的江潮水势浩荡，与大海连成一片，一轮明月从海上升起，好像与潮水一起涌出来。月光照耀着春江，随着波浪闪耀千万里，春夜江上的所有地方都有明亮的月光。江水曲曲折折地绕着花草丛生的原野流淌，月光照射着开遍鲜花的树林，好像细密的雪珠在闪烁。月色如霜，所以霜飞无从觉察。洲上的白沙和月色融合在一起，看不分明。江水、天空成一色，没有一点微小灰尘，明亮的天空中只有一轮孤月高悬。江边上谁人最初看见月亮？江上的月亮哪一年开始照耀着人？人生一代代地无穷无尽，江上的月亮一年年看上却都相像。不知江上的月亮等待着什么人，只见长江不断地东流去。游子像一片白云缓缓地离去，只剩下思妇站在离别的青枫浦不胜忧愁。哪家的游子今晚坐着小船在漂流？什么地方有人在明月照耀的楼上相思？在楼上徘徊的月亮，应该照耀着离人的梳妆台。月光照进思妇的门帘，卷不走，照在她的捣衣砧上，拂不掉。这时可以一起望着月亮却无法互相沟通，我希望能像月光一样照耀着你。鸿雁不停地飞翔，而不能飞出无边的月光；月照江面，鱼龙在水中跳跃，激起阵阵波纹。昨天夜里梦见花落闲潭，可惜的是春天过了一半自己还不能回家。江水带着春光将要流尽，水上的月亮又要西落。斜月慢慢下沉，藏在海雾里，碣石与潇湘之间的距离无限遥远。不知有几人能趁着月光回家，唯有那西落的月亮摇荡着离情，洒满了江边的树林。

心灵感悟

《春江花月夜》在思想与艺术上都超越了以前那些单纯模山范水的景物诗，"羡宇宙之无穷，哀吾生之须臾”的哲理诗，抒儿女别情离绪的爱情诗。诗人将这些屡见不鲜的传统题材，注入了新的含义，融诗情、画意、哲理为一体，凭借对春江花月夜的描绘，尽情赞叹大自然的奇丽景色，讴歌人间纯洁的爱情，把对游子思妇的同情心扩大开来，将其与对人生哲理的追求、对宇宙奥秘的探索结合起来，从而汇成一种情、景、理水乳交融的幽美而邈远的意境。诗人将深邃美丽的艺术世界特意隐藏在惝恍迷离的艺术氛围之中，整首诗篇仿佛笼罩在一片空灵而迷茫的月色里，吸引着读者去探寻其中美的真谛。

经典诵读

六、滕王阁序（节选）

王勃

时维九月，序属三秋。潦水尽而寒潭清，烟光凝而暮山紫。俨骖騑于上路[①]，访风景于崇阿。临帝子之长洲，得天人之旧馆。层峦耸翠，上出重霄；飞阁流丹，下临无地。鹤汀凫渚，穷岛屿之萦回；桂殿兰宫，即冈峦之体势。

披绣闼，俯雕甍[②]，山原旷其盈视，川泽纡其骇瞩。闾[③]阎扑地，钟鸣鼎食之家；舸舰[④]弥津，青雀黄龙之舳。云销雨霁[⑤]，彩彻区明。落霞与孤鹜齐飞，秋水共长天一色。渔舟唱晚，响穷彭蠡[⑥]之滨，雁阵惊寒，声断衡阳之浦。

（选自吴楚材、吴调侯编，钱素洲译：《古文观止》，浙江教育出版社 2016 年版）

诵读指导

◎ **作者简介：**

王勃（约 650—约 676），字子安，唐代文学家。绛州龙门（今山西省河津市）人，王勃与杨炯、卢照邻、骆宾王并称为“王杨卢骆”“初唐四杰”。其主要作品有《滕王阁序》《送杜少府之任蜀州》等。

◎ **注释：**

① 俨骖（cān）騑（fēi）于上路：驾着车在高高的道路上（前行）。② 披绣闼（tà），

俯雕甍（méng）：打开精美的阁门，俯瞰雕饰的屋脊。绣，指雕刻得精美细致。③闾（lǘ）阎（yán）：里门，这里代指房屋。④舸（gě）舰（jiàn）：大船。⑤霁（jì）：雨雪停止，天放晴。⑥彭蠡（lǐ）：古代大泽，即现在的鄱阳湖。

◎ 译文：

时值九月深秋，积水消尽，潭水清澈，云烟凝结在暮霭中，山峦呈现一片紫色。在大路上驾着马车，在崇山峻岭中访求风景，来到昔日帝子的长洲，找到仙人居住过的宫殿，这里山峦重叠如翠绿的屏障，山峰耸入云霄。凌空的楼阁，红色的阁道犹如飞翔在天空，从阁上看深不见底。白鹤、野鸭栖息的小洲，极尽岛屿的迂折回环之势，桂木所建、香兰装饰的宫殿，依照起伏的山峦而建。

打开彩绘雕花的阁门，俯视华美的屋脊。山峰平原尽收眼底，湖川曲折令人惊叹。房屋密集，有不少富贵人家；船只塞满了渡口，都是雕刻着青雀黄龙花纹的大船。雨过天晴，虹消云散，阳光朗照。落霞与孤雁一起在天际飞舞，秋水长天连成一片。傍晚渔舟中传来歌声，响彻彭蠡湖滨，雁群因寒意而长鸣，到衡阳岸边方止。

心灵感悟

作者由近及远，从壮丽的楼阁到秀丽的山川，浓墨重彩地描写了滕王阁秋景，展开了一幅流光溢彩、错落有致、上下浑然天成、虚实相映成趣的滕王阁三秋图。“落霞与孤鹜齐飞，秋水共长天一色”一句最为人称道。这句话是一个视觉的飨宴，整幅画面的主体是红色的夕阳余晖和蓝绿色的水光接天的模样，白色的飞鸟穿插其间，整幅画面具有色彩美、动态美、虚实美、空间立体美，带给读者无限的想象。

经典诵读

七、蜀道难[①]

李白

噫吁嚱[②]，危乎高哉！蜀道之难，难于上青天！

蚕丛及鱼凫[③]，开国何茫然！尔来四万八千岁，不与秦塞通人烟。西当太白有鸟道，可以横绝峨眉巅。地崩山摧壮士死，然后天梯石栈相钩连。

上有六龙回日之高标，下有冲波逆折之回川。黄鹤之飞尚不得过，猿猱[④]欲度愁攀援。青泥何盘盘，百步九折萦岩峦。扪参历井仰胁息[⑤]，以手抚膺坐长叹。

问君西游何时还？畏途巉岩不可攀[⑥]。但见悲鸟号古木[⑦]，雄飞雌从绕林间。又闻子规啼夜月，愁空山。蜀道之难，难于上青天，使人听此凋朱颜。

连峰去天不盈尺，枯松倒挂倚绝壁。飞湍瀑流争喧豗[8]，砯崖转石万壑雷[9]。其险也如此，嗟尔远道之人胡为乎来哉！

剑阁峥嵘而崔嵬[10]，一夫当关，万夫莫开。所守或匪亲，化为狼与豺。

朝避猛虎，夕避长蛇；磨牙吮血，杀人如麻。锦城虽云乐，不如早还家。蜀道之难，难于上青天，侧身西望长咨嗟！

（选自黄岳洲主编：《中国古代文学名篇鉴赏辞典（上）》，华语教学出版社 2013 版）

诵读指导

◎ 注释：

① 蜀道难：南朝乐府旧题，属《相和歌辞·瑟调曲》。② 噫（yī）吁（xū）嚱（xī）：惊叹声，蜀方言，表示惊讶的声音。宋庠《宋景文公笔记》卷上：“蜀人见物惊异，辄曰‘噫吁嚱’。”③ 蚕丛、鱼凫（fú）：传说中古蜀国两位国王的名字；难以考证。④ 猿猱（náo）：蜀山中最善攀援的猴类。⑤ 扪（mén）参（shēn）历井：参、井是二星宿名。古人把天上的星宿分别指配于地上的州国，叫作“分野”，以便通过观察天象来占卜地上所配州国的吉凶。参星为蜀之分野，井星为秦之分野。扪，用手摸。历，经过。胁息：屏气不敢呼吸。⑥ 畏途：可怕的路途。巉（chán）岩：险恶陡峭的山壁。⑦ 但见：只听见。号（háo）古木：在古树木中大声啼鸣。⑧ 飞湍（tuān）：飞奔而下的急流。喧豗（huī）：喧闹声，这里指急流和瀑布发出的巨大响声。⑨ 砯（pīng）崖：水撞石之声。砯，水冲击石壁发出的响声，这里作动词用，冲击的意思。转：使滚动。壑（hè）：山谷。⑩ 剑阁：又名剑门关，在四川剑阁县北，是大、小剑山之间的一条栈道。峥嵘、崔（cuī）嵬（wéi）：都是形容山势高大雄峻的样子。

◎ 译文：

唉呀呀，多么危险多么高峻伟岸！蜀道真太难攀，简直难于上青天。

传说中蚕丛和鱼凫建立了蜀国，开国的年代实在久远，无法详谈。自从那时至今约有四万八千年，秦蜀被秦岭所阻从不沟通往返。西边太白山有飞鸟能过的小道，从那小路走可横渡峨眉山顶端。山崩地裂，蜀国五壮士被压死了，两地才有天梯栈道开始相通连。

上有挡住太阳神六龙车的山巅，下有激浪排空、纡回曲折的大川。善于高飞的黄鹤尚且无法飞过，即使猢狲要想翻过也愁于攀援。青泥岭多么曲折，绕着山峦盘旋，百步之内萦绕岩峦转九个弯。（天空如此高，仿佛）可以摸到参星井星，叫人仰首屏息，用手抚胸惊恐不已，坐下来长叹。

好朋友啊请问你西游何时回还？可怕的岩山栈道实在难以登攀！只见那悲鸟在古树上哀鸣啼叫，雄雌相随飞翔在原始森林之间。月夜听到的是杜鹃悲惨的啼声，回响在空山中，令人愁思绵绵！蜀道真难走啊，简直难于上青天，叫人听到这些怎么不脸色突变？

山峰座座相连，离天还不到一尺，枯松老枝倒挂倚贴在绝壁之间。漩涡飞转，瀑布飞泻，争相喧闹着，水石相击转动，像万壑鸣雷一般。此处恶劣艰险到了这种地步，唉呀呀你这个远方而来的客人，为了什么要来到这个险要地方？

剑阁那地方崇峻巍峨高入云端，只要一人把守，便千军万马难攻占。驻守的官员若不是可靠的亲信，难免要变为豺狼踞此为非造反。

清晨你要提心吊胆地躲避猛虎，傍晚你要警觉防范长蛇。豺狼虎豹磨牙吮血真叫人不安，毒蛇猛兽杀人如麻令你胆寒。锦官城虽然说是个快乐的所在，如此险恶还不如早早地把家还。蜀道太难走啊，简直难于上青天，侧身西望令人不免感慨与长叹！

心灵感悟

《蜀道难》中，李白袭用乐府古题，展开丰富的想象，着力描绘了秦蜀道路上奇丽惊险的山川，并从中透露了对社会的某些忧虑与关切。李白以变化莫测的笔法，淋漓尽致地刻画了蜀道之难，艺术地展现了古老蜀道逶迤、峥嵘、高峻、崎岖的面貌，描绘出一幅色彩绚丽的山水画卷。诗人寄情山水，全篇融贯的浪漫主义激情，既是对自然景物热情的赞叹，又是抒发自己的理想感受。我们仿佛可以看到待人那“落笔摇五岳、笑傲凌沧州”的高大形象。

经典诵读

八、念奴娇[①]·赤壁怀古

苏轼

大江东去，浪淘尽，千古风流人物。故垒西边，人道是，三国周郎赤壁。乱石穿空，惊涛拍岸，卷起千堆雪。江山如画，一时多少豪杰。

遥想公瑾当年，小乔初嫁了[②]，雄姿英发[③]。羽扇纶巾[④]，谈笑间，樯橹[⑤]灰飞烟灭。故国神游，多情应笑我，早生华发[⑥]。人生如梦，一尊还酹[⑦]江月。

（选自徐中玉、金启华编选：《中国古代文学作品选（二）》，华东师范大学出版社 1999 版）

诵读指导

◎ **注释：**

① 念奴娇：词牌名。又名“百字令”“酹江月”等。赤壁：此指黄州赤壁，一名“赤鼻矶”，在今湖北黄冈西。而三国古战场的赤壁，今多认为在今湖北赤壁市蒲圻县西北。② 小乔初嫁了（liǎo）：《三国志・吴志・周瑜传》载，周瑜从孙策攻皖，“得桥公两女，皆国色也。策自纳大桥，瑜纳小桥”。乔，本作“桥”。其时距赤壁之战已经十年，此处言“初嫁”，是言其少年得意，倜傥风流。③ 雄姿英发（fā）：谓周瑜体貌不凡，言谈卓绝。英发：谈吐不凡，见识卓越。④ 羽扇纶(guān)巾：古代儒将的便装打扮。羽扇，羽毛制成的扇子。纶巾，青丝制成的头巾。⑤ 樯（qiáng）橹（lǔ）：这里代指曹操的水军战船。樯，挂帆的桅杆。橹，一种摇船的桨。“樯橹”一作“强虏”，又作“樯虏”，又作“狂虏”。⑥ 华发（fà）：花白的头发。⑦ 一尊还（huán）酹（lèi）江月：酹：古人祭奠以酒浇在地上祭奠。这里指洒酒酬月，寄托自己的感情。尊：通“樽”，酒杯。

◎ **译文：**

长江向东流去，波浪滚滚，千古的英雄人物都（随着长江水）逝去。那旧营垒的西边，人们说（那）就是三国时候周瑜（作战的）赤壁。陡峭不平的石壁直刺天空，大浪拍击着江岸，激起一堆堆雪白的浪花。江山像一幅奇丽的图画，那个时代汇集了多少英雄豪杰。

遥想当年的周瑜，小乔刚嫁给他，他正年轻有为，威武的仪表，英姿奋发。（他）手握羽扇，头戴纶巾，谈笑之间，（就把）强敌的战船烧得灰飞烟灭。（此时此刻，我）怀想三国旧事，凭吊古人，应该笑我自己多情善感，头发早早地都变白了。人生在世就像一场梦一样，我还是倒一杯酒来祭奠江上的明月吧！

心灵感悟

此词通过对月夜江上壮美景色的描绘，借对古代战场的凭吊和对风流人物才略、气度、功业的追念，曲折地表达了作者怀才不遇，功业未成的忧愤之情，同时表现了作者关注历史和人生的旷达之心。全词借古抒怀、雄浑苍凉，大气磅礴，笔力遒劲，将写景、咏史、抒情融为一体，给人以撼魂荡魄的艺术力量，曾被誉为“古今绝唱”。

经典诵读

九、秋声赋

欧阳修

欧阳子方夜读书，闻有声自西南来者，悚①然而听之，曰：“异哉！”初淅沥以潇飒，忽奔腾而砰湃②；如波涛夜惊，风雨骤至。其触于物也，鏦鏦铮铮③，金铁皆鸣；又如赴敌之兵，衔枚疾走，不闻号令，但闻人马之行声。余谓童子：“此何声也？汝出视之。”童子曰：“星月皎洁，明河在天，四无人声，声在树间。”

予曰：“噫嘻悲哉！此秋声也。胡为而来哉？盖夫秋之为状也，其色惨淡，烟霏云敛；其容清明，天高日晶；其气栗冽，砭④人肌骨；其意萧条，山川寂寥。故其为声也，凄凄切切，呼号奋发。丰草绿缛⑤而争茂，佳木葱茏而可悦。草拂之而色变，木遭之而叶脱。其所以摧败零落者，乃其一气之余烈。

夫秋，刑官也，于时为阴；又兵象也，于行用金。是谓天地之义气，常以肃杀而为心。天之于物，春生秋实，故其在乐也，商声主西方之音，夷则为七月之律。商，伤也，物既老而悲伤；夷，戮也，物过盛而当杀。”

“嗟夫！草木无情，有时飘零。人为动物，惟物之灵。百忧感其心，万事劳其形，有动于中，必摇其精。而况思其力之所不及，忧其智之所不能，宜其渥然丹者为槁木，黟然⑥黑者为星星。奈何以非金石之质，欲与草木而争荣？念谁为之戕⑦贼，亦何恨乎秋声！”

童子莫对，垂头而睡。但闻四壁虫声唧唧，如助余之叹息。

（选自陈振鹏、章培恒主编：《古文鉴赏辞典》，上海辞书出版社 1997 版）

诵读指导

◎ **注释：**

① 悚（sǒng）然：惊惧的样子。② 砰湃：同“澎湃”，波涛汹涌的声音。③ 鏦鏦（cōng）铮铮：金属相击的声音。④ 砭（biān）：古代用来治病的石针，这里引用为刺的意思。⑤ 绿（lù）缛（rù）：碧绿繁茂。⑥ 黟（yī）然：形容黑的样子。⑦ 戕（qiāng）贼：残害。

◎ **译文：**

欧阳先生夜里正在读书，（忽然）听到有声音从西南方向传来，心里不禁悚然。他一听，惊道：“奇怪啊！”这声音初听时像淅淅沥沥的雨声，其中还夹杂着萧萧飒飒的风吹树木声，然后忽然变得汹涌澎湃起来，像是江河夜间波涛突起、风雨骤然而至。它碰到物体上发出铿锵之声，又好像金属撞击的声音，再（仔细）听，又像衔枚奔走去袭击敌人的军队，听不到任何号令声，只听见有人马行进的声音。（于是）我对童子说：“这是什么声音？你出去看看。”童子回答说：“月色皎皎、星光灿烂、浩瀚银河、高悬中天，四下里没有人的声音，那声音是从树林间传来的。”

我叹道：“唉，可悲啊！这就是秋声呀，它为何而来呢（它怎么突然就来了呢）？那秋天的样子，它的色调暗淡、烟飞云收；它的形貌清新明净、天空高远、日色明亮；它的气候寒冷、刺人肌骨；它的意境寂寞冷落，没有生气、川流寂静、山林空旷。所以它发出的声音凄凄切切，像人们在呼号，不可遏止。绿草浓密丰美，争相繁茂，树木青翠茂盛而使人快乐。然而，一旦秋风吹起，拂过草地，草就要变色；掠过森林，树就要落叶。它能折断枝叶、使花草树木凋零的原因，便是一种构成天地万物的浑然之气（秋气）的余威。

秋天是刑官执法的季节，它在季节上属于阴；秋天又是兵器和用兵的象征，在五行上属于金。这就是常说的天地之严凝之气，它常常以肃杀为意志。自然对于万物，是要它们在春天生长，在秋天结实。所以，秋天在音乐的五声中又属商声。商声是西方之声，夷则是七月的曲律之名。商，也就是‘伤’的意思，万物衰老了，都会悲伤。夷，是杀戮的意思，草木过了繁盛期就应该衰亡。”

“唉！草木是无情之物，尚有衰败零落之时。人为动物，在万物中又最有灵性，无穷无尽的忧虑煎熬着他的心绪，无数琐碎烦恼的事来劳累他的身体。只要内心被外物触动，就一定会消耗他的精气。更何况常常思考自己的力量所做不到的事情，忧虑自己的智慧所不能解决的问题，自然会使他红润的面色变得苍老枯槁，乌黑的头发（壮年）变得鬓发花白（年老）。（既然这样）为什么却要以并非金石的肌体，去像草木那样争一时的荣盛呢？（人）应当仔细考虑究竟是谁给自己带来了这么多残害，又何必去怨恨这秋声呢？”

书童没有应答，低头沉沉睡去。只听得四壁虫鸣唧唧，像在附和我的叹息。

心灵感悟

《秋声赋》是欧阳修继《醉翁亭记》后的又一名篇。它骈散结合，铺陈渲染，辞采讲究，是宋代文赋的典范。秋在古代也是肃杀的象征，一切生命都在秋天终止。作者的心情因为屡次遭贬而郁闷，但他借秋声告诫世人：不必悲秋、恨秋，怨天尤人，而应自我反省。这一立意，既抒发了作者难有所为的郁闷心情，又表达了他自我超脱的愿望。

经典诵读

十、同学一首别子固

王安石

江之南有贤人焉，字子固，非今所谓贤人者，予慕而友之。淮之南有贤人焉，字正之，非今所谓贤人者，予慕而友之。二贤人者，足未尝相过也，口未尝相语也，辞币未尝相接也。其师若友，岂尽同哉？予考其言行，其不相似者，何其少也！曰："学圣人而已矣。"学圣人，则其师若友必学圣人者。圣人之言行，岂有二哉？其相似也适然。

予在淮南，为正之道子固，正之不予疑也。还江南，为子固道正之，子固亦以为然。予又知所谓贤人者，既相似，又相信不疑也。

子固作《怀友》一首遗[①]予，其大略欲相扳[②]以至乎中庸而后已。正之盖亦常云尔。夫安驱徐行，轥[③]中庸之庭，而造于其堂，舍二贤人者而谁哉？予昔非敢自必其有至也，亦愿从事于左右焉尔。辅而进之其可也。

噫[④]！官有守，私有系，会合不可以常也，作《同学一首别子固》以相警，且相慰云。

（选自李之亮注译：《唐宋名家文集 王安石集》，中州古籍出版社 2010 年版）

诵读指导

◎ **作者简介：**

王安石（1021—1086），字介甫，号半山。抚州临川（今江西抚州）人。北宋著名思想家、政治家、文学家、改革家。

庆历二年（1042），王安石进士及第。历任扬州签判、鄞县知县、舒州通判等职，政绩显著。熙宁二年（1069），任参知政事，次年拜相，主持变法。因守旧派反对，熙宁七年（1074）罢相。一年后，宋神宗再次起用，旋又罢相，退居江宁。元祐元年（1086），保守派得势，新法皆废，王安石郁然病逝于钟山，追赠太傅。绍圣元年（1094），获谥“文”，故世称王文公。

◎ **注释：**

① 遗（wèi）：赠送。② 扳（pān）：同“攀”，援引。至乎中庸：语本曾巩《怀友》“望中庸之域，其可以策而及也”。③ 辚（lìn）：车轮碾过。④ 噫（yī）：唉，表示感叹。

◎ **译文：**

江南有一位贤人，字子固，他不是现在一般人所说的那种贤人，我敬慕他，并和他交朋友。淮南有一位贤人，字正之，他也不是现在一般人所说的那种贤人，我敬慕他，也和他交朋友。这两位贤人，不曾互相往来，不曾互相交谈，也没有互相赠送过礼品。他们的老师和朋友，难道都是相同的吗？我注意考察他们的言行，他们之间的不同之处竟是那么少！应该说，这是他们学习圣人的结果。学习圣人，那么他们的老师和朋友，也必定是学习圣人的人。圣人的言行难道会有两样的吗？他们的相似就是必然的了。

我在淮南，向正之提起子固，正之不怀疑我的话。回到江南，向子固提起正之，子固也很相信我的话。于是我知道被人们认为是贤人的人，他们的言行既相似，又互相信任而不猜疑。

子固写了一篇《怀友》赠给我，其大意是希望互相帮助，以便达到“中庸”的境界才肯罢休。正之也经常这样说过。驾着车子稳步前进，碾过中庸的门庭而进入内室，除了这两位贤人还能有谁呢？我过去不敢肯定自己有可能达到中庸的境地，但也愿意跟在他们左右奔走。在他们的帮助下前进，大概能够达到目的。

唉，做官的各有自己的职守，又由于个人私事的牵挂，我们之间不能经常相聚，作《同学一首别子固》用来互相告诫，并且互相慰勉。

心灵感悟

《同学一首别子固》是北宋文学家王安石所作的一篇散文。散文开篇简约地介绍贤人曾巩和孙侔；中间叙述曾巩和孙侔虽然素不相互交往，但是都学圣人，所以能相似，又相信不疑，彼此勉励，最后说明回赠《同学一首别子固》的意图，是为了互相告诫和互相慰勉。全文表达了作者想和友人建立共同进步的君子之谊的意思。

全文立意幽古，开门见山，表明作者自己的人生志趣和对文学的态度，又道出人生天地间，知己不必曾相逢的人生哲理，显示作者高远的精神境界、宽广的胸襟以及君子应有的操守。全文感情真挚，言简意赅，层次分明，采用陪衬手法，以孙侔陪衬曾巩，则更加突出了曾巩，同时又把作者的看法融入其中，使之互相映衬，韵味无穷。

经典诵读

十一、水调歌头·隐括[①]杜牧之齐山诗

朱熹

江水浸云影，鸿雁欲南飞。携壶结客[②]何处？空翠渺烟霏。尘世[③]难逢一笑，况有紫萸[④]黄菊，堪插满头归。风景今朝是，身世昔人非。

酬佳节，须酩酊[⑤]，莫相违。人生如寄，何事辛苦怨斜晖。无尽今来古往，多少春花秋月，那更有危机。与问牛山客[⑥]，何必独沾衣。

（选自朱孝臧选编：《宋词三百首》，团结出版社2016年版）

诵读指导

◎ **作者简介：**

朱熹（1130—1200），字元晦，又字仲晦，号晦庵，晚称晦翁，谥文，世称朱文公。祖籍徽州府婺源县（今江西省婺源），出生于南剑州尤溪（今属福建省尤溪县）。宋朝著名的理学家、思想家、哲学家、教育家、诗人，闽学派的代表人物，儒学集大成者，世尊称为朱子。

◎ **注释：**

①隐括：指对原有作品的内容、语言加以剪裁、修改而成新篇。②结客：和客人们一起登山。③尘世：即人生。④紫萸（yú）：即茱萸，一种有浓烈香味的植物。

⑤酩（mǐng）酊（dǐng）：大醉貌。⑥ 牛山客：春秋时，齐景公游于牛山，因自己不得长生，终有一死而感叹悲泣。后用此典指不知满足、自寻烦恼，或感叹人世沧桑、世代更迭。

◎ **译文：**

云朵的影子浸在江水里，鸿雁正打算向南飞。我带着酒壶，邀集客人，找一个苍翠清寂、烟雾氤氲的地方去饮酒。人世间难得一笑，还好有紫萸黄菊可以摘下来插在头上，自娱自乐一番。风景还是往年的风景，而人早已不是往昔的人了。

为了庆贺重阳节，应该喝得酩酊大醉，请不要再推辞不喝了。人活着就像寄生在这个世界上，为什么非要奔波劳碌，到最后还怨恨人生苦短呢？古往今来，无穷无尽。人间多少春花秋月，终难逃危机。你去问问齐景公，何必为人生短暂而泪沾衣襟。

心灵感悟

朱熹在词中注入了自己独特的儒家哲学思想，改变了原诗的消极情绪，推陈出新地化出了积极意义。词人登上秋山后，倒映在江水中的无限秋景映入眼帘，却从“云影”二字写起，意境深远。此时仰头又见大雁欲飞向南方度过寒冷的冬天。紧接着，词人自问“携壶结客何处”，答得“空翠渺烟霏”。语间似答非答，表明醉翁之意不在酒，而在那烟雾缭绕的漫山碧翠中。

经典诵读

十二、春

朱自清

盼望着，盼望着，东风来了，春天的脚步近了。

一切都像刚睡醒的样子，欣欣然[①]张开了眼。山朗润[②]起来了，水涨起来了，太阳的脸红起来了。

小草偷偷地从土里钻出来，嫩嫩的，绿绿的。园子里，田野里，瞧去，一大片一大片满是的。坐着，躺着，打两个滚，踢几脚球，赛几趟跑，捉几回迷藏。风轻悄悄的，草软绵绵的。

桃树、杏树、梨树，你不让我，我不让你，都开满了花赶趟儿[3]。红的像火，粉的像霞，白的像雪。花里带着甜味儿；闭了眼，树上仿佛已经满是桃儿、杏儿、梨儿。花下成千成百的蜜蜂嗡嗡地闹着，大小的蝴蝶飞来飞去。野花遍地是：杂样儿，有名字的，没名字的，散在草丛里，像眼睛，像星星，还眨呀眨的。

“吹面不寒杨柳风”，不错的，像母亲的手抚摸着你。风里带来些新翻的泥土的气息，混着青草味儿，还有各种花的香，都在微微润湿的空气里酝酿[4]。鸟儿将窠巢安在繁花嫩叶当中，高兴起来了，呼朋引伴地卖弄[5]清脆的喉咙，唱出宛转[6]的曲子，与轻风流水应和着。牛背上牧童的短笛，这时候也成天嘹亮地响。

雨是最寻常的，一下就是三两天。可别恼。看，像牛毛，像花针，像细丝，密密地斜织着，人家屋顶上全笼着一层薄烟。树叶儿却绿得发亮，小草儿也青得逼你的眼。傍晚时候，上灯了，一点点黄晕[7]的光，烘托[8]出一片安静而和平的夜。乡下去，小路上，石桥边，有撑起伞慢慢走着的人，还有地里工作的农夫，披着蓑，戴着笠。他们的草屋，稀稀疏疏的在雨里静默着。

天上风筝渐渐多了，地上孩子也多了。城里乡下，家家户户，老老小小，他们也赶趟儿似的，一个个都出来了。舒活舒活[9]筋骨，抖擞抖擞精神，各做各的一份事去。“一年之计在于春”[10]，刚起头儿，有的是工夫，有的是希望。

春天像刚落地的娃娃，从头到脚都是新的，它生长着。

春天像小姑娘，花枝招展[11]的，笑着，走着。

春天像健壮的青年，有铁一般的胳膊和腰脚，领着我们上前去。

（选自桑梵编：《朱自清散文经典》，北京联合出版公司 2015 年版）

诵读指导

◎ **作者简介：**

朱自清（1898—1948），原名自华，号秋实，后改名自清，字佩弦。中国现代散文家、诗人、学者、民主战士。原籍浙江绍兴，出生于江苏省东海县（今连云港市东海县平明镇），后随祖父、父亲定居扬州，自称“我是扬州人”。1916 年中学毕业并成功考入北京大学预科。1919 年开始发表诗歌。1928 年第一本散文集《背影》出版。1932 年 7 月，任清华大学中国文学系主任。1934 年，出版《欧游杂记》和《伦敦杂记》。1935 年，出版散文集《你我》。

◎ **注释：**

① 欣欣然：欢欢喜喜的样子。② 朗润：明亮润泽。③ 赶趟儿：原意是赶得上，

这里有“趁时机、凑热闹”的意思。④ 酝酿：原意是造酒的发酵过程，也比喻做准备工作。这里是说各种气息在空气里，像发酵似的，越来越浓。⑤ 卖弄：有意显示、炫耀（自己的本领）。⑥ 宛转：形容声音抑扬动听，现在写作“婉转”。⑦ 黄晕：昏黄不明亮。晕，太阳或月亮周围的光圈，也指光影或色彩周围模糊的部分。⑧ 烘托：中国画的一种方法，从旁边或周围涂抹淡墨或者浅的颜色，使画的主要部分更鲜明、更突出。这里是“衬托”的意思。⑨ 舒活：舒展，活动。⑩ 一年之计在于春：一年的打算在春天。意思是，春是一年的开始，应该把全年要做的事及早安排好。⑪ 花枝招展：花枝迎风摆动，婀娜多姿。形容女子打扮得十分艳丽。

心灵感悟

这篇散文以诗的笔调，抓住春的特点，用火热的情感、清丽的色彩，通过有层次的、生动的描绘，画出了生机盎然的春的形象，歌唱了春的创造力，赞美春天的无限希望，传递出作者内心蕴涵的蓬勃向上、奋发创新的真挚情感。散文饱含了作家特定时期的思想情绪、对人生及人格的追求，表现了作家骨子里的传统文化积淀和他对自由境界的向往。

经典诵读

十三、你是人间四月天

林徽因

我说你是人间的四月天；
笑响点亮了四面风；
轻灵在春的光艳中交舞着变。

你是四月早天里的云烟，
黄昏吹着风的软，
星子在无意中闪，
细雨点洒在花前。

那轻，那娉婷，你是，

鲜妍百花的冠冕你戴着，
你是天真，庄严，你是夜夜的月圆。
雪化后那篇鹅黄，你像；
新鲜初放芽的绿，你是；
柔嫩喜悦，水光浮动着你梦期待中白莲。
你是一树一树的花开，是燕在梁间呢喃，
——你是爱，是暖，是希望，
你是人间的四月天！

（选自叶开主编：《这才是中国最好的语文书·诗歌分册》，江苏文艺出版社 2014 年版）

诵读指导

◎ **作者简介：**

林徽因（1904—1955），女，汉族，福建闽县（今福州）人，出生于浙江杭州，原名林徽音。后因常被人误认为当时一作家林微音，故改名徽因。中国著名建筑师、诗人、作家。人民英雄纪念碑和中华人民共和国国徽深化方案的设计者、建筑师梁思成的妻子。二十世纪三十年代初，同梁思成一起用现代科学方法研究中国古代建筑，成为这个学术领域的开拓者，后来在这方面获得了巨大的学术成就，为中国古代建筑研究奠定了坚实的科学基础。文学上，著有散文、诗歌、小说、剧本、译文和书信等，代表作《你是人间四月天》《莲灯》《九十九度中》等。其中，《你是人间四月天》最为大众熟知，广为传诵。

心灵感悟

这首诗的魅力和优秀不仅在于意境的优美和内容的纯净，还在于形式的纯熟和语言的华美。诗中采用重重叠叠的比喻，意象美丽而丝毫无雕饰之嫌，反而愈加衬出诗中的意境和纯净——在华美的修饰中更见清新自然的感情流露。

十四、秋天，这秋天

林徽因

这是秋天，秋天，
风还该是温软；
太阳仍笑着那微笑，
闪着金银，夸耀
他实在无多了的
最奢侈的早晚！
这里那里，在这秋天，
斑彩错置到各处
山野，和枝叶中间，
像醉了的蝴蝶，或是
珊瑚珠翠，华贵的失散，
缤纷降落到地面上。
这时候心得像歌曲，
由山泉的水光里闪动，
浮出珠沫，溅开
山石的喉嗓唱。
这时候满腔的热情
全是你的，秋天懂得，
秋天懂得那狂放，——
秋天爱的是那不经意
不经意的凌乱！

但是秋天，这秋天，
他撑着梦一般的喜筵，
不为的是你的欢欣：
他撒开手，一掬璎珞，
一把落花似的幻变，
还为的是那不定的
悲哀，归根儿蒂结住
在这人生的中心！

一阵萧萧的风，起自
昨夜西窗的外沿，
摇着梧桐树哭。——
起始你怀疑着：
荷叶还没有残败；
小划子停在水流中间；
夏夜的细语，夹着虫鸣，
还信得过仍然偎着
耳朵旁温甜；
但是梧桐叶带来桂花香，
已打到灯盏的光前。
一切都两样了，他闪一闪说，
只要一夜的风，一夜的幻变。
冷雾迷住我的两眼，
在这样的深秋里，
你又同谁争？现实的背面
是不是现实，荒诞的，
果属不可信的虚妄？
疑问抵不住简单的残酷，
再别要悯惜流血的哀惶，
趁一次里，要认清
造物更是摧毁的工匠。
信仰只一细炷香，
那点子亮再经不起西风
沙沙的隔着梧桐树吹！
如果你忘不掉，忘不掉
那同听过的鸟啼；
同看过的花好，信仰
该在过往的中间安睡。
……秋天的骄傲是果实，
不是萌芽，——生命不容你
不献出你积累的馨芳；
交出受过光热的每一层颜色；
点点沥尽你最难堪的酸怆。
这时候，
切不用哭泣；或是呼唤；
更用不着闭上眼祈祷；

向着将来的将来空等盼；
只要低低的，在静里，低下去
已困倦的头来承受，——承受
这叶落了的秋天
听风扯紧了弦索自歌挽：
这秋，这夜，这惨的变换！

（选自叶开主编：《这才是中国最好的语文书·诗歌分册》，江苏文艺出版社 2014 版）

诵读指导

此诗是一首非常典型的借景抒情诗，亦可说是一首“悲秋”之作。诗中记录了林徽因眼中的秋天，表达了诗人达观的人生态度中夹杂着面对现实无可奈何花落去的惆怅之情，全诗通篇采用借景抒情的手法，意象象征丰富，深透着绮瑰幽邃的挽歌意蕴。

心灵感悟

此诗作于 1933 年 11 月中旬，发表于当年当月 19 日的《大公报·文艺副刊》，是林徽因纪念徐志摩飞机失事罹难两周年所写的。

经典诵读

十五、我愿意是急流

〔匈〕裴多菲·山陀尔

我愿意是急流，山里的小河，
在崎岖的路上、岩石上经过……
只要我的爱人，是一条小鱼，
在我的浪花中，快乐地游来游去。

我愿意是荒林，在河流的两岸，
对一阵阵的狂风，勇敢地作战……
只要我的爱人，是一只小鸟，
在我的稠密的树枝间做窠[①]，鸣叫。

我愿意是废墟，在峻峭的山岩上，
这静默的毁灭，并不使我懊丧[②]……
只要我的爱人，是青青的常春藤，
沿着我荒凉的额，亲密地攀援上升。

我愿意是草屋，在深深的山谷底，
草屋的顶上，饱受风雨的打击……
只要我的爱人，是可爱的火焰，
在我的炉子里，愉快地缓缓闪现。

我愿意是云朵，是灰色的破旗，
在广漠的空中，懒懒地飘来荡去，
只要我的爱人，是珊瑚似的夕阳，
傍着我苍白的脸，显出鲜艳的辉煌。

（选自孙用等译：《我愿意是急流》，人民文学出版社 2005 年版）

诵读指导

◎ **作者简介：**

裴多菲·山陀尔：匈牙利的爱国诗人、革命诗人，也是匈牙利民族文学的奠基人，革命民主主义者，在瑟克什堡大血战中同沙俄军队作战时牺牲，年仅 26 岁。

◎ **注释：**

① 窠（kē）：昆虫、鸟兽的巢穴。② 懊（ào）丧（sàng）：懊恼，沮丧。

心灵感悟

为了爱，诗人愿意奉献所有，愿意为这份爱坚守一生。“我愿意”，短短的三个字，包含了诗人无比厚重、深切的情感。一位热血男儿的一句“我愿意”，体现一种无私奉献、生死不渝之精神。这种精神，小而至于个人爱情，能够肝胆相照、心心相印；大而至于祖国民族，能够苦尽甘来，生生不息。

经典诵读

十六、青春

〔美〕塞缪尔·厄尔曼

青春不是年华，而是心境；青春不是桃面、丹唇、柔膝，而是深沉的意志，恢宏的想象，炙热的情感；青春是生命的深泉在涌流。

青春气贯长虹，勇锐盖过怯弱，进取压倒苟安。如此锐气，二十后生而有之，六旬男子则更多见。年岁有加，并非垂老；理想丢弃，方堕暮年。

岁月悠悠，衰微只及肌肤；热忱抛却，颓废必至灵魂。忧烦，惶恐，丧失自信，定使心灵扭曲，意气如灰。

无论年届花甲，拟或二八芳龄，心中皆有生命之欢乐，奇迹之诱惑，孩童般天真久盛不衰。人人心中皆有一台天线，只要你从天上人间接受美好、希望、欢乐、勇气和力量的信号，你就青春永驻，风华长存。

一旦天线倒塌，锐气便被冰雪覆盖，玩世不恭、自暴自弃油然而生，即使年方二十，实已垂垂老矣；然则只要竖起天线，捕捉乐观信号，你就有望在八十高龄告别尘寰时仍觉年轻。

（选自董卿主编：《朗读者》，人民出版社 2019 年版）

诵读指导

◎ **作者简介：**

塞缪尔·厄尔曼（1840—1924）是一名生于德国的美国作家。儿时随家人移居美利坚，参加过南北战争，之后定居伯明翰，经营五金杂货，年逾70开始写作。著作有知名散文《青春》等。

心灵感悟

文章以理性深湛的思考、简练诗化的语言和高亢激越的旋律对“青春”做出了完美的解释。只要拥有“勇锐”，拥有“进取”，你就会充满青春的活力。文章表现出对生命的无限热忱，对希望的执着渴求，这些品质是我们每一个人断不可少的。一个人的生命如星河般壮美，往往人们认为“青春”像流星般转瞬即逝，但诗人却用他一生从不虚度岁月，从不荒废生命的信念告诉人们，青春虽不能永恒，但可以用美好的理想、坚定的信念、乐观的心态去铸就永恒的青春。